COMO CONSTRUIR OBJETIVOS & METAS ATINGÍVEIS

Claudio Zanutim

DVS EDITORA

www.dvseditora.com.br
São Paulo, 2018

COMO CONSTRUIR OBJETIVOS & METAS ATINGÍVEIS

Claudio Zanutim

DVS EDITORA

www.dvseditora.com.br
São Paulo, 2018

COMO CONSTRUIR OBJETIVOS & METAS ATINGÍVEIS

Copyright © 2018 DVS Editora
Todos os direitos reservados.
Nenhuma parte deste livro poderá ser reproduzida, armazenada em sistema de recuperação, ou transmitida por qualquer meio, seja na forma eletrônica, mecânica, fotocopiada, gravada ou qualquer outra, sem a autorização por escrito do autor.

Preparo dos originais: Claudio Zanutim

Revisão: Raquel Melo, Bárbara Ellem e Alessandra Angelo

Capa, projeto gráfico: Carlos Peixinho

Diagramação: Schäffer Editorial

```
Dados Internacionais de Catalogação na Publicação (CIP)
         (Câmara Brasileira do Livro, SP, Brasil)

   Zanutim, Cláudio
      Como construir objetivos e metas atingíveis /
   Cláudio Zanutim. -- São Paulo : DVS Editora, 2018.

      Bibliografia.
      ISBN 978-85-8289-171-1

      1. Administração de empresas 2. Administração de
   pessoal 3. Administração por objetivos 4. Metas
   5. Negócios 6. Planejamento estratégico I. Título.

18-14405                                    CDD-658.4012
```

Índices para catálogo sistemático:

1. Objetivos : Metas : Planejamento estratégico :
   Administração   658.4012

"Existem dois objetivos na vida. O primeiro: obter o que desejamos; o segundo: desfrutá-lo. Apenas os homens mais sábios realizam o segundo."

L. Smith

Índice

Prefácio 09

Apresentação 11

Sobre o autor 13

Agradecimentos 15

Introdução 17

O que dizem os mestres sobre objetivos e metas 23

A matriz de objetivos 51

Construindo objetivos e metas 57

O canvas 89

Revendo conceitos, tirando as dúvidas... 107

Fragmentar 111

Plano de ação 113

Revisões 116

Considerações finais 119

Referências 160

PREFÁCIO

Conheci o Claudio Zanutim enquanto atendíamos a uma demanda de um cliente em comum. Estávamos entregando os mesmos conteúdos em sala de aula, pois tínhamos um projeto de abrangência nacional. A empatia foi imediata.

Tranquilo, ponderado e com um grande repertório, rapidamente comecei a admirá-lo. Isso até conhecer a sua capacidade no controle dos processos: tornei-me fã, principalmente porque não tenho a mesma habilidade.

Uma das melhores formas de cuidar tanto de processos quanto de projetos é uma boa e clara definição de metas e objetivos. Se não for a melhor, pelo menos é o primeiro passo essencial.

Confesso que, ao receber o pedido para escrever este prefácio, achei que não deveria aceitar: apesar de conhecer o trabalho do Zanutim, o tema do livro é como uma incógnita para mim, conforme já disse. Sendo assim, temi que pudesse faltar propriedade para me aprofundar no assunto.

Mas, após a leitura, fiquei menos reticente: se me ajudou, com certeza vai ajudar a qualquer pessoa que queira saber mais sobre o tema, principalmente pela matriz que ele construiu que torna o entendimento escalonado. Uma boa sacada!

De Taylor e Fayol a Charan e Falconi, Zanutim teve o cuidado de mostrar a teoria com a devida evolução, ao passo que abordou o uso do assunto sem complicar a leitura. De quebra, facilitou o entendimento e o uso das ferramentas.

Isso me fez entender melhor a missão de vida dele, que é ensinar inspirando as pessoas, movido pela paixão e com prontidão.

Siga em frente, Claudio Zanutim!

Alessandro Saade
Empreendedores Compulsivos

APRESENTAÇÃO

"Não vamos colocar uma meta. Nós deixaremos uma aberta e, quando a atingirmos, nós a dobraremos." (Dilma Rousseff).

Há certo tempo que tenho vontade de escrever um livro que possibilite ou contribua com as pessoas e as empresas na construção e atingimento de seus objetivos e metas.

Essa vontade nasceu enquanto eu ministrava a disciplina Plano de Negócios para os cursos de MBA na universidade, entre 2007 e 2009, e percebi que meus alunos não conseguiam construir objetivos e metas reais e contextualizados não só no âmbito individual, mas também no corporativo.

Também, durante minhas consultorias pelo Brasil, colaboradores de cargos distintos dentro das organizações me pediram auxílio para construir seus objetivos e metas, tanto individuais como corporativos.

Como meus alunos, muitas pessoas confundem objetivos com metas por não terem clareza sobre a distinção entre ambos os conceitos.

Assim, compreendo, hoje, que a dificuldade não só se apresenta como continua um grande problema, pois mesmo presidentes sofrem com ela.

Dessa forma, decidi me debruçar novamente sobre o modelo que desenhei em meados de 2009.

Foi assim que surgiu a Matriz de Objetivos. É uma ferramenta com metodologia comprovada que poderá auxiliar na construção e atingimento de seus objetivos e metas.

Apliquei-a em um teste dentro das universidades nas quais leciono e, com o passar do tempo, aperfeiçoei detalhes que me possibilitaram comprovar a funcionalidade e efetividade dela.

Inclusive acompanhei, em alguns momentos, colegas e alunos se utilizando dela para melhoramento de seus desempenhos.

Espero que você consiga construir seus objetivos com a utilização desse método e seja mais feliz, efetivo, assertivo e realizado.

Sempre que penso em falar sobre um tema ou escrever sobre um assunto, me pergunto: Será que ajudarei as pessoas? Contribuirei para sua melhoria? Em casos de respostas positivas, não me restam dúvidas: falo ou escrevo. O mesmo ocorreu antes de me decidir a levar adiante o projeto desse livro.

Objetivos e metas devem ser construídos tecnicamente; apenas um trabalho técnico consistente é capaz de gerar resultados às pessoas e organizações. Sendo assim, defini-los não é uma ação de demonstração de coragem, de pensamento positivo, crença ou arrojo.

Planejamento sem execução é mera especulação.

Muito obrigado por adquirir esse livro.

Boa leitura e bom trabalho!

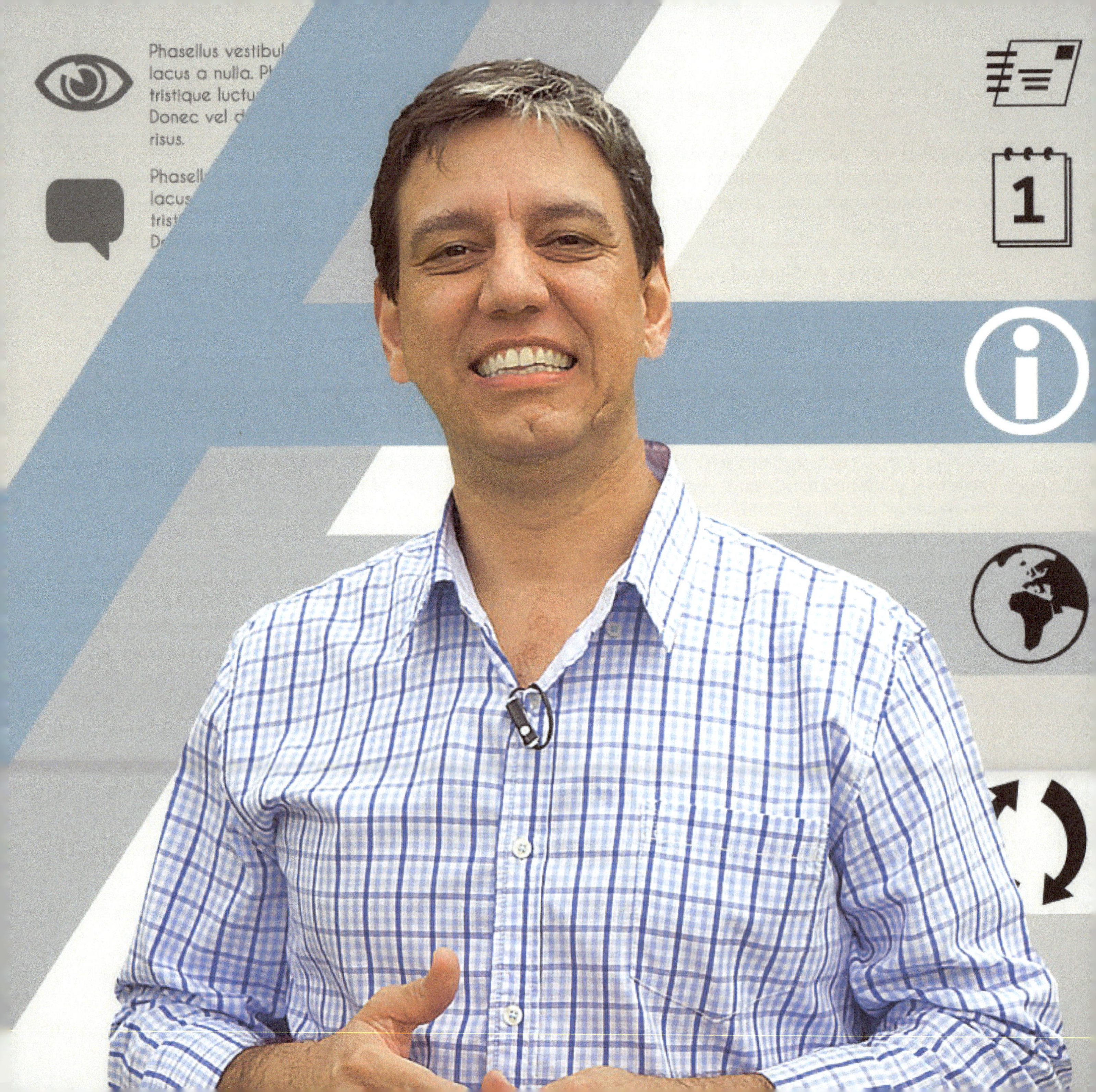
Phasellus
lacus a nulla.
tristique
Donec vel
risus.
1

SOBRE O AUTOR

CLAUDIO ZANUTIM

AUTOR | CONSULTOR | PALESTRANTE | PROFESSOR UNIVERSITÁRIO.

Mestre em Administração de Empresas e Gestão de Pessoas pela UMESP. Especialista em EAD e Didática do Ensino Superior. MBAs em Gestão de Pessoas, Administração Estratégica e Estratégia de Negócios. Tecnólogo em Mercadologia e Graduado em Administração de Empresas. Em mais de trinta anos de carreira soma experiências nas áreas industriais, varejo e acadêmica.

Trabalha com Educação Corporativa e Formal como tentativa de ajudar empresas e pessoas na melhoria do desempenho e no atingimento de objetivos e metas. Em outras palavras, com intuito de aprimorar resultados pessoais, operacionais e financeiros, capacita-as por intermédio de palestras, treinamentos e desenvolvimentos, a partir da criação de conteúdos dinâmicos e personalizados.

Autor de dois livros e mais de oito artigos acadêmicos, atua em parceria, como consultor e facilitador, nas duas maiores consultorias de Educação Corporativa do País: Integração Escola de Negócios, Kuratore e HSM, para clientes de grande porte e multinacionais, abordando temas como: marketing, vendas consultivas, atendimento ao cliente, comportamento, técnicas de negociação, multiplicação de formadores, mercado e concorrência, técnicas de vendas, espiritualidade, empreendedorismo e autoconhecimento.

AGRADECIMENTOS

É muito bom agradecer às pessoas que nos auxiliam e colaboram conosco em todos os processos da construção de nossas carreiras.

Sendo assim, seguem meus agradecimentos...

...a Deus, pois tenho plena convicção de que foi Ele quem me presenteou com faculdades mentais.

Também sei que Nele encontro guarida para meus pensamentos, ideias e, principalmente, força para alcançar meus objetivos.

...à Kátia, minha fiel "escudeira", e aos meus filhos: Maria Rachel e Raphael. Eu amo vocês!

...ao meu amigo Alessandro Saade, o Sábio, por me brindar com um prefácio tão original e emocionante.

...ao amigo Luiz Henrique Freitas, o Incansável, por tantas horas unidas em prol de um trabalho árduo.

... ao amigo e irmão Carlos Peixinho, o Criativo, pela arte e diagramação feita nesse livro.

... à Raquel Melo, a Pedagoga e Professora, pelo primeiro trabalho da primeira revisão.

...à Bárbara Ellem, a Caneta Mágica, pela revisão final do livro.

...aos meus amigos do coração, pelas lindas palavras sobre o livro, na última capa.

Por fim, a todos os meus companheiros de viagem e audiência.

Sem vocês, a existência de nenhum conteúdo teria sentido. Muito obrigado!

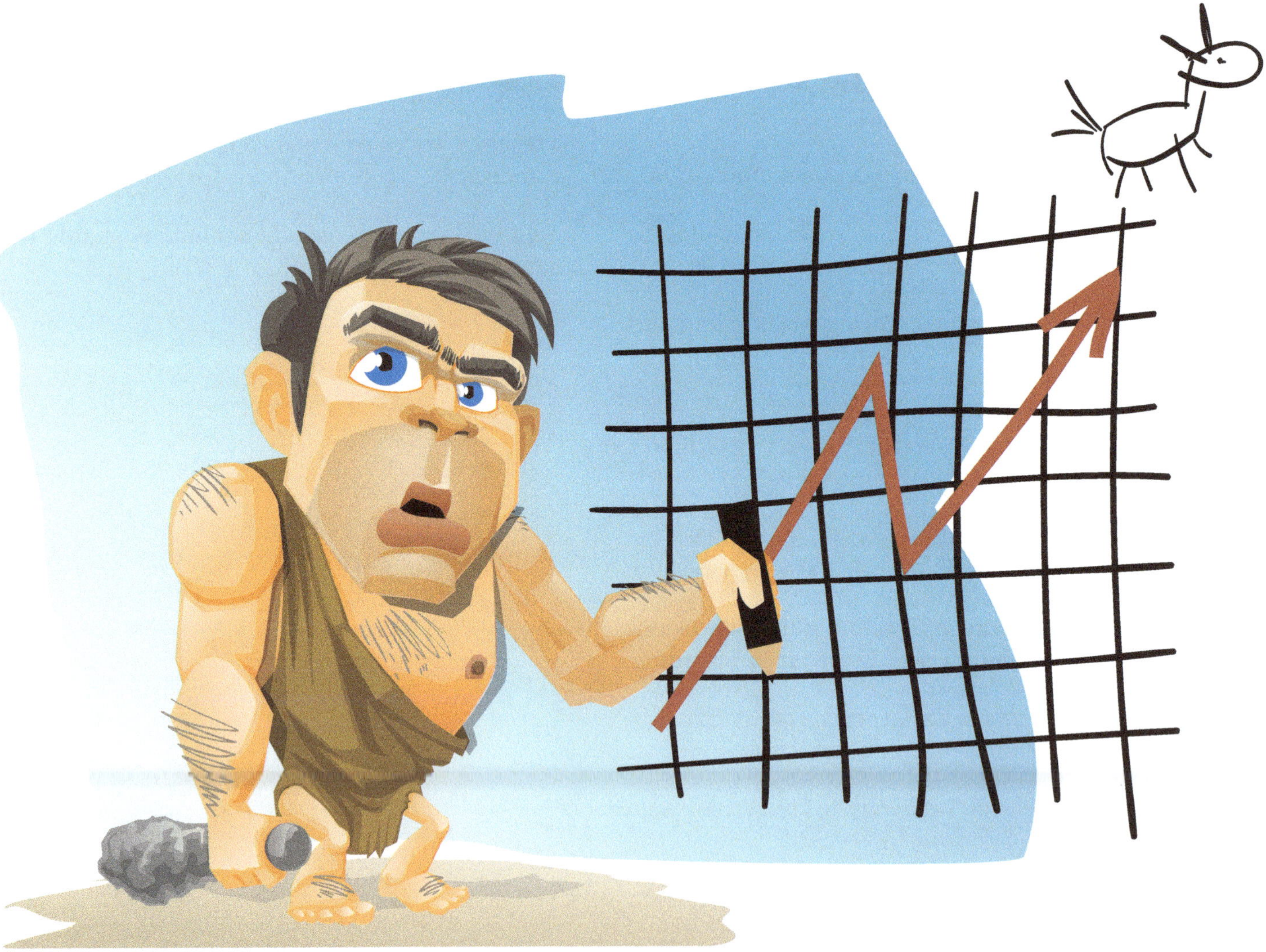

INTRODUÇÃO

"*Afirmo muitas vezes que, se você medir aquilo que está falando e expressar em números, você conhecerá alguma coisa sobre o assunto; mas, quando você não o pode exprimir em números, seu conhecimento é pobre e insatisfatório.*"

William Thompson
(Lord Kelvin)

O Homem tem necessidade de atingir objetivos desde a fundação do mundo. Na época das cavernas, por exemplo, em busca de alimentação e de controle do ambiente, os homens tinham seus objetivos e metas: caçar para comer e sustentar a tribo ou clã, acender o fogo, entre tantas outras.

Claro que não era tão racional como o é hoje, utilizando-se de métodos e tantas teorias, mas, inconscientemente já o fazia.

Assim, embora a necessidade de caçar fosse uma de suas metas, ele não sabia disso do modo formal como hoje sabe sobre suas necessidades.

Não tenho a pretensão de assegurar que esse livro solucionará todos os seus problemas em relação às metas e objetivos, porém tem como objetivo principal aproximar você, leitor, efetivamente, de um método que funciona como ferramenta na construção de objetivos e metas, de modo a gerar sua satisfação. O objetivo secundário é auxiliá-lo a atingi-los.

Nesse sentido, creio que poderá ajudá-lo a transformar seus sonhos em realidades, pois todo objetivo tem sua essência em um sonho.

Quem não sonha está morto. Assim, você DEVE alimentar suas utopias, sonhos e, consequentemente, seus objetivos.

Claro que são três dimensões diferentes, mas acredito que homem ou mulher devam ter essas três para poderem transformar a vida terrena em um tempo agradável e proveitoso. Como diz Mario Sergio Cortella, para não "apequenar a vida".

Para mim, quem não alimenta utopias não sonha e não constrói objetivos e metas atingíveis possui tendência à frustração e, posteriormente, à depressão.

O tempo me ajudou a construir a ferramenta, e uma das coisas que presenciei durante minha vivência em salas de aula e em empresas foi que ela mudou a forma como as pessoas olhavam para seus objetivos e metas, tanto individuais quanto corporativos.

Observei em pessoas de várias classes sociais, em ambientes distintos, que a possibilidade de desistir de objetivos e metas por não escrevê-los depois de montá-los tende a aumentar consideravelmente.

Pode até ser que a história da pesquisa de Harvard seja um mito, mas vale ressaltar:

> Em 1953 foi feita uma entrevista com todos os formandos da Universidade de Harvard; perguntaram a eles o que fariam após a conclusão do curso. 95% dos alunos formados não tinham a menor ideia do que iriam fazer; 3% sabiam mais ou menos; apenas 2% tinham objetivos e metas para os próximos um, cinco, dez anos de suas vidas, todas escritas.
> Vinte anos depois, em 1973, foi analisada a vida desses mesmos indivíduos: constatou-se que 2% dos alunos foram mais bem-sucedidos que os demais, sendo que, juntos, valiam mais que os 98%.

Meu convite para você é para uma reflexão antes de iniciar a construção de seus objetivos e metas. Agora cabe uma pergunta. Você escreve seus objetivos e metas?

Uma vida deve ser vivida com amor e de forma saudável, tanto mental e fisicamente quanto espiritualmente. A vida boa e geradora de felicidade é aquela capaz de contagiar os outros e ajudá-los a serem felizes também.

> "Ser feliz é realizar-se na realização".
> Matos, 2009.

Objetivos e metas são importantes porque direcionam; o que possibilita o gerenciamento da própria vida e/ou da organização. Portanto, o livro ajudará nos dois âmbitos: pessoal e corporativo.

Não pense que essa leitura se trata de autoajuda, até porque não acredito nisso, mas sim em ajuda do alto.

Quanto mais diligente e sabedor de seus objetivos e metas você for, maiores serão as possibilidades de tocar a sua vida ou organização com satisfação.

Cabe ressaltar que, além de tudo, com a ferramenta você será capaz de medir e gerenciar seus objetivos e metas, lembrando que, sem medir, não há como gerenciar.

Desse modo, quanto maior controle, maior também a possibilidade de alcançá-los, contudo, a ferramenta, servindo apenas como auxílio, nada resolverá sem comprometimento pessoal.

A capacidade de executar é tão ou mais importante que a de planejar. Lembre-se: o ótimo é inimigo do bom.

Você perceberá, durante a leitura, que ora falo de empresas, ora falo de pessoas. Trabalhei dessa forma por acreditar que é mais fácil para sua compreensão de todo o método.

Ference e Thurmam dizem que "O sucesso de qualquer esforço pessoal, organizacional ou social depende, em primeiro lugar, de um claro sentido de finalidade e crença e, em segundo, de uma imagem guia do futuro que buscamos alcançar por meio de nosso esforço deliberado e consciente".

Entende-se, por fim, que qualquer coisa que pretende fazer na vida, depende unicamente de você.

Então, literalmente, mãos à obra; gente feliz e de sucesso trabalha sério.

TRAJETÓRIA

Quero relatar como esta metodologia me ajudou e poderá ajudar você, sua empresa e seus colaboradores.

Eu nasci na Lapa, bairro antigo da cidade São Paulo, no extinto hospital Mater Dei, no dia 03 de janeiro de 1971.

Venho de uma família de imigrantes italianos e portugueses, assim como a maioria dos paulistanos. Meus avôs maternos eram italianos e meus avôs paternos eram filhos de portugueses, todos honestos e trabalhadores.

Meu pai era músico, e minha mãe, antes de se casar, secretária da presidência do grupo Votorantim, isso nas décadas de 50 e 60. Depois, ela se tornou dona de casa e gerente de loja no varejo até falecer, aos 55 anos, por conta de um problema na válvula mitral do coração.

Tive três irmãos, mas dois falecerem muito cedo, de modo que sobramos apenas minha irmã e eu.

Comecei a trabalhar muito cedo, aos 14 anos, pois as coisas não estavam boas em casa, naquela época. Naquele tempo podia-se trabalhar com a idade mencionada; hoje, não mais. Não sei dizer se é bom ou ruim.

Após algum tempo, meu pai, alcoólatra na época, perdeu tudo que tinha, e esse fato aliado a alguns motivos, os quais não convêm citar agora, contribuiu para a separação do casal.

Foi um tempo bem difícil para nós (minha mãe, eu e minha irmã).

Aos 15 anos, fui trabalhar no varejo: Wrangler, Levi`s, Romão Magazine, entre outras empresas. Logo aflorou meu lado empreendedor: montei uma fábrica de roupas jovens e uma rede de lojas de varejo, com um sócio, nos principais shoppings de São Paulo.

Em 2000, porém, falimos e eu perdi tudo: não me sobrou nada, nem mesmo dez reais para colocar combustível no automóvel que, àquela altura, não era mais meu.

No mesmo ano me casei e minha esposa foi uma heroína: estimulou meu espírito empreendedor, feroz e nato, e pude me reerguer: nós dois e mais um colega montamos uma fábrica de roupas e uniformes industriais, assim como passamos a trabalhar com eventos e multinacionais.

Em 2002, nasceu minha filha, e, em 2004, meu filho.

Novamente, as coisas passaram a não dar certo: "quebrei" mais uma vez. Porém, não desisti do outro negócio, com outro sócio, no bairro Brás, em São Paulo. Em 2011, por falência, fechou.

Foi nesse meio tempo que se iniciou o processo de criação da metodologia aqui.

Cansei-me de "correr atrás do rabo", fazer as coisas erradas e ver meus sonhos irem por "água abaixo"; além de gastar energia, tempo e dinheiro em recomeços frustrados e complicados, eu apenas estava me frustrando mais a cada dia e quase entrando em depressão. Além de judiar de minha família.

Apenas consegui sair desse círculo vicioso com a ajuda de alguns amigos mentores. Aos quais tenho profunda gratidão e apreço. Eles sabem quem eles são.

Em 2006, comecei a redesenhar minha carreira, um exercício árduo. Em seguida, voltei a estudar.

Em 2007, conheci um amigo na Universidade que me incentivou a construir carreira acadêmica. O incentivo foi um grande "divisor de águas": meu mundo se abriu mais ainda e percebi que tinha vocação para atuar como professor.

De 2008 a 2009, dei início à construção da Matriz de objetivos que, posteriormente, me ajudaria a alcançar meus sonhos. Eram esboços, porém compostos por metodologia e guiados por grandes mestres da Administração.

Desde o período citado que utilizo a metodologia para trabalhar com minha revisão de objetivos e metas em todo fim de ano e fazer os devidos ajustes nas submetas para manter o foco nos objetivos que pretendo alcançar.

Ah! Detalhe: deixei alguns objetivos para trás, reformulei outros e desisti de alguns. Inicialmente, foi muito difícil trabalhar com a matriz, porque percebi que mudanças interiores e disciplina dependiam muito mais de mim que do auxílio da ferramenta; ela é apoio, não milagre.

Passaram-se quase sete anos desde a primeira versão da matriz e preciso compartilhar uma coisa contigo: muitas coisas mudaram nesse tempo!

Por exemplo, eu já fiz cinco Especializações e MBAs, um Mestrado e, atualmente, estou iniciando meu Doutorado.

Tornei-me escritor, palestrante e consultor. Tudo isso me utilizando da Matriz de objetivos sem deixar o estudo e a disciplina de lado.

Também melhorei a administração do meu tempo para com a minha família e outra questão, não menos importante: não "quebrei" mais.

Sei que tenho muito trabalho pela frente, mas creio que esse breve testemunho possa servir como encorajamento a você, por isso resolvi escrevê-lo.

Não desista de seus sonhos, objetivos e metas. A vida é dura e cruel, ela não perdoa, contudo, nos dá novas chances para recomeçar e, dessa forma, nos permite a felicidade.

Sei que muitas coisas podem ser feitas no modelo "deixa a vida me levar". Com um pouco de planejamento, por outro lado, a vida pode se tornar mais leve, mais gostosa e mais honrosa.

Creio que uma mudança de carreira deva durar cerca de dez anos. Boa sorte com essa ferramenta que o auxiliará muito.

O que dizem os MESTRES *sobre* OBJETIVOS E METAS

> *"Sonhar grande dá o mesmo trabalho que sonhar pequeno"*
> *Vicente Falconi.*

Antes de iniciar a discussão, gostaria de deixar claro que existe hierarquia quanto ao assunto tratado. Portanto, do micro para o macro: submetas, metas e, por fim, objetivos.

Na área da Administração, objetivo é parte importante, integrante de todo o processo administrativo. Objetivos mal elaborados e/ou mal conduzidos já levaram muitas empresas ao fracasso total ou parcial.

A distinção entre objetivos e metas ainda é nebulosa, bem como sua transferência e gestão. Deming, que foi um mestre na arte de controles e gestão, disse que tudo aquilo que não se mede, não se gerencia, e se você não consegue descrever em forma de processo tudo o que você está fazendo, não está fazendo nada.

Não gostaria de ir muito longe, porém a força do embasamento teórico me faz ir. Dessa forma, considerarei, inicialmente, as visões sobre objetivos e metas de três sumidades na área da Administração e da boa gestão: Frederick Taylor, Henri Fayol e Henry Ford.

Para Taylor, os objetivos eram simples e a administração estava pautada em quatro princípios essenciais da administração científica: planejamento, preparo dos trabalhadores, controle e execução.

O objetivo central consistia na eliminação do desperdício em relação ao esforço e aos movimentos inúteis, como a racionalização da seleção dos operários e adaptação deles ao trabalho, a facilitação do treinamento e consequente melhoria na eficiência e rendimento.

Note que não há referência às metas. Assim, sem a mensuração constante, se torna um pouco complicado atingir com efetividade os objetivos, pois a estratégia não está bem desenhada. Portanto, existe necessidade de revisão e reformulação.

Para Fayol, os objetivos organizacionais deveriam centralizar forças em cinco funções essenciais: comando, organização, planejamento, coordenação e controle. Segundo ele, os objetivos estariam nas mãos do administrador. À época, isto poderia ser considerado bom, entretanto, os objetivos e metas devem envolver toda a organização ou todo o processo e, se forem individuais, devem permear todas as áreas da vida.

Ford tinha uma visão diferente das duas: para ele, o objetivo central era utilizar o sistema para reduzir, ao máximo, os custos de produção e, assim, tornar o produto final mais barato, de modo a vendê-lo para o maior número de pessoas possível. Nessa perspectiva não havia muita preocupação com os envolvidos no negócio.

Para mim, Ford desenvolveu métricas e mensurações. Portanto, em sua definição de objetivos se enquadram metas, mas falta interação entre elas.

Claro que a eficiência da linha de produção foi substituída por uma melhor: em meados dos anos 80 surgiu, no Japão, o Toyotismo. A partir desse momento, os objetivos e as metas começaram a se alinhar e se tornaram mais atingíveis, com perfil mais próximo do corporativo.

Continuando com o raciocínio cronológico, Peter Druker desenvolveu um método, importado de Alfred Sloan, da década de 20, chamado Administração por Objetivos. Constitui-se como um procedimento ou método que foi desenvolvido para aplicação, na prática, dos processos de planejamento, organização e controle.

Foi na década de 50, por intermédio do livro The Practice of Management (Gerenciando na Prática), que os termos se tornaram mais conhecidos. Além do mais, foi na GE que Druker implantou e acrescentou componentes que enfatizam a definição dos objetivos e a avaliação isolada de cada área de desempenho específica.

A ideia de se ter organizações regidas por metas e objetivos seguia na direção de que toda a organização deveria ser abrangida pelo método. Logo, as metas eram traçadas e depois divididas em menores para serem distribuídas entre os envolvidos com o negócio; porém, acredito que faltavam as metas individuais. A gestão por objetivos, como método, foi batizada de SMART e deveria ter as seguintes características:

ESPECÍFICO
MENSURÁVEL
ALCANÇÁVEL
REALÍSTICO
TEMPO

Um método simples, prático e eficaz que, quando usado, consistia em registrar a ideia inicial sobre a meta em uma folha de tal maneira que as anotações se transformassem em objetivo organizado. Ou seja, método capaz de separar sonho de algo atingível dentro de um espaço de tempo definido (as metas).

A partir da década de 80 surgiram mais pessoas convencidas de que objetivos devem ser traçados e metas devem ser seguidas para facilitação da realização dos sonhos, tantos os individuais como os organizacionais.

> *Concordamos que exista ainda certa discussão entre o que são objetivos e o que são metas* (CERTO; PETER; STEFFEN, 1993, p. 81).

Para eles, à época, um objetivo organizacional era como uma meta para qual a organização direcionava seus esforços. Cabe fazer uma observação importante aqui: os autores mencionados falam de objetivos organizacionais que podem ser divididos em dois tipos: os de curto prazo e os de longo prazo.

Creio que exista evolução, nesse sentido, em relação à ideia, mas não há como negar a existência de teóricos que ainda confundem metas com objetivos e vice-versa. Acho que este livro ajudará.

Vasconcelos define objetivos como resultados quantitativos (eu - metas e submetas) e qualitativos (eu - declaração do objetivo e suas variáveis) que a empresa precisa alcançar, em prazo determinado, no contexto de seu ambiente, para cumprir a missão.

Para Certo, Peter e Steffen (1993), os objetivos devem ter metas para as quais as organizações direcionam seus esforços.

Lembre-se: toda organização é formada por pessoas. Se elas não têm objetivos claros, definidos, as organizações também não terão. Portanto, metas individuais são necessárias.

Para Anthony Robbins, que é um especialista na construção de objetivos, principalmente para área de vendas, existem quatro grandes áreas na construção de objetivos individuais:

Objetivos de desenvolvimento pessoal;
Objetivos de carreira/ empresariais/ econômicos;
Objetivos de entretenimento/aventura/posse;
Objetivos de contribuição.

Metas limitadas criam vidas limitadas. Então, ao determinar suas metas, vá o mais longe que quiser. Você precisa decidir o que quer, porque essa é a única maneira de conseguir. Para tanto, siga estas cinco leis:

1. Exprima seu objetivo em termos positivos. Sim, diga o que deseja que aconteça. Muito frequentemente, as pessoas exprimem o que NÃO querem que aconteça como suas metas.

2. Seja o mais específico possível. Use todos os seus sentidos para descrever os resultados desejados. Quanto mais ricas de sentidos forem suas descrições, mais fortalecerão seu cérebro para criar desejos.

3. Tenha um procedimento evidente. Saiba como você se parecerá, como se sentirá e o que verá e ouvirá em seu mundo exterior, após ter alcançado resultados. Se você acha que não saberá como reconhecê-lo, quando o tiver alcançado, pode ser até que já o tenha. Inclusive, você pode ganhar e se sentir como um fracassado, caso não mantenha o entusiasmo.

4. Esteja no controle. Seu objetivo deve ser iniciado e mantido por você. Não deve depender da mudança de outras pessoas para que você seja feliz.

5. Verifique se o seu objetivo é ecologicamente sadio e desejável. Projete, no futuro, as consequências de sua meta atual. Seu objetivo deve beneficiar você e outras pessoas. (ROBBINS, 2009, p. 133).

Objetivo é tudo aquilo que você pretende alcançar quando realiza uma ação; é, também, um propósito que deve ser mantido e seguido.

Espero que este passeio sobre alguns conceitos tenha proporcionado a você um entendimento melhor do que são objetivos e metas.

"Não há necessidade de pôr qualquer limite no que é possível. É claro que isso não significa jogar sua inteligência e bom senso pela janela. Se você tem um metro e meio de altura, não tem sentido decidir que sua meta é ganhar o campeonato de vôlei. Por mais que você tente, isso não acontecerá (a não ser que ande bem em pernas de pau). Mais importante, você estará desviando suas energias de onde podem ser mais efetivas. Mas encarando com inteligência, não há limites para os efeitos possíveis para você."

ANTHONY ROBBINS

SOBRE
SONHOS

A Starbucks é negócio que vende sonhos, não café. Um "terceiro lugar", alternativa para estar fora de casa ou do trabalho. Basicamente, esse é o sonho dos clientes. Um lugar que trata os colaboradores com dignidade e respeito também é tido como um sonho. Assim, por não ser um negócio só de café, estar no negócio Starbucks faz sucesso.

A Apple não negocia informática, mas criatividade pessoal.

A Cranium, também, por exemplo, não negocia jogos: ela negocia autoestima.

A distinção entre sonho e realidade é fundamental para construção de objetivos atingíveis e está diretamente ligada à missão.

SOBRE OLHAR

Coloquei a ilustração da pirâmide organizacional para facilitar a compreensão daqueles que não têm grande "intimidade" com a área administrativa.

A ideia central, aqui, é discorrer brevemente sobre as atuações dos envolvidos nos processos e também ajudar a compreender os objetivos organizacionais de forma introdutória, tanto para o especialista quanto para o leigo.

Figura 1 - Pirâmide estratégica

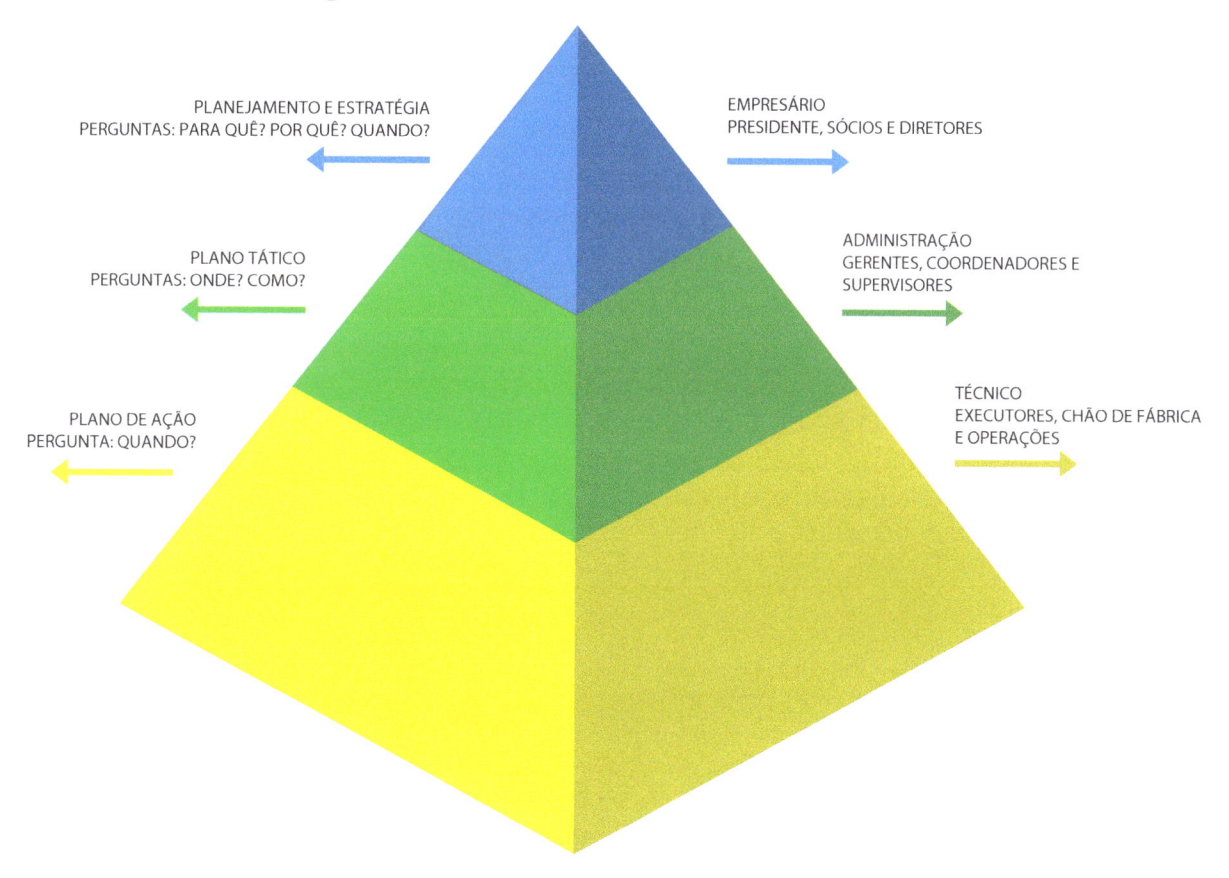

PLANEJAMENTO E ESTRATÉGIA
PERGUNTAS: PARA QUÊ? POR QUÊ? QUANDO?

EMPRESÁRIO
PRESIDENTE, SÓCIOS E DIRETORES

PLANO TÁTICO
PERGUNTAS: ONDE? COMO?

ADMINISTRAÇÃO
GERENTES, COORDENADORES E SUPERVISORES

PLANO DE AÇÃO
PERGUNTA: QUANDO?

TÉCNICO
EXECUTORES, CHÃO DE FÁBRICA E OPERAÇÕES

O OLHAR CORPORATIVO

Todas as metas e objetivos devem estar em alinhamento com a estratégia da empresa. Sim, pois os objetivos formulados constroem o seu mapa estratégico.

Cada nível da pirâmide organizacional deve possuir seus objetivos e metas definidos, claros e atingíveis. Lembra-se: SMART.

O que você deve perceber é que os objetivos construídos na área estratégica fazem com que as metas sejam de responsabilidade da área tática, e as submetas, por sua vez, da área operacional.

Mantendo este raciocínio, a área tática tem como responsabilidade construir seus objetivos visando o que foi incumbido como metas pela área estratégica; então, as metas e submetas ficam sob a responsabilidade da área operacional.

Por sua vez, as metas e submetas recebidas pela área operacional, oriundas da área tática, se tornam os grandes objetivos da área operacional.

Sei que parece complexo, mas a realidade é que tem que fazer sentido para você. As áreas devem, necessariamente, estar interligadas em seus objetivos e metas, assim como o alinhamento da missão e visão da organização, respondendo pela estratégia corporativa.

Segundo Fernandes e Berton (2005), em uma organização os objetivos são diversos, contudo, sem dúvida, eles devem ser consistentes entre si e em relação aos objetivos maiores. Uma maneira de promover isso é sempre checar tal coerência com a missão de empresa ou do indivíduo.

Para aqueles que não têm ou, então, tem pouca proximidade com os termos, fiz algumas observações descritas abaixo.

PLANEJAMENTO ESTRATÉGICO
PARTE DO NÍVEL ESTRATÉGICO DA CORPORAÇÃO, SÓCIOS, PROPRIETÁRIO, PRESIDENTE, DIRETORES, CEO ENTENDER QUE COMPÕEM O NÍVEL MAIS ALTO DA EMPRESA E QUE TEM CARACTERÍSTICAS EMPREENDEDORAS MUITO FORTES. COM INTERVALO DE TEMPO LONGO.

PLANEJAMENTO TÁTICO
SÃO ÁREAS RESPONSÁVEIS PELA CRIAÇÃO DE OBJETIVOS E ESTRATÉGIAS DESTINADOS A ALCANÇAR METAS DE DEPARTAMENTOS ESPECÍFICOS AO LONGO DE UM INTERVALO DE TEMPO MÉDIO.

PLANEJAMENTO OPERACIONAL
É O NÍVEL MAIS BÁSICO DA ORGANIZAÇÃO, ENTRETANTO É GRANDE RESPONSÁVEL PELA EXECUÇÃO DA ESTRATÉGIA E DOS OBJETIVOS CONSTRUÍDOS PELO NÍVEL ESTRATÉGICO. TEM UM INTERVALO DE TEMPO CURTO.

VISÃO INDIVIDUAL DO COLABORADOR

OLHAR INDIVIDUAL
ESTRATÉGICO

Sobre a estratégia, vale ressaltar que você deve pensar em planejamento e planos de ação para alcançar seus objetivos, além de defini-la (estratégia) claramente.

Como, basicamente, você é o "ator" principal na construção, busca e realização de seus objetivos, suas estratégias devem ser claras e alinhadas aos recursos que possui.

Um exercício importante, nessa hora, é responder as perguntas a seguir e revisar os quadros de recursos que estarão mais à frente.

COMO?	ONDE?
QUEM?	QUANDO?
PARA QUEM?	QUANTO?
POR QUÊ?	QUANTO CUSTARÁ?

*Há um material de exercício no final do livro que você pode utilizar para colocar as respostas.

TÁTICO

Como falei, e continuarei falando durante todo esse livro, objetivos não são atingidos sozinhos: você pode elaborá-los, todavia, não os alcançará por si, apenas.

A parte tática, ou seja, o meio de sua pirâmide individual, é composto por pessoas que são estratégicas para você. Se for casado(a), por exemplo, e tiver filhos, a situação fica um pouco mais complexa, pois é de extrema importância que considere a dinâmica de sua vida na construção de seus objetivos e metas.

OPERACIONAL

Para objetivos individuais, a parte operacional da pirâmide funciona (ou deveria funcionar), como as ações de seu dia a dia.

É exatamente aqui que você deve colocar em prática as mensurações que verá no capítulo *Construindo objetivos e metas atingíveis*.

> Para Churchill Junior e Peter (2000), os objetivos devem ter características, formulação por escrito, mensura, clareza, especificidade e desafios, sendo que cada característica deve contribuir para torná-los eficazes.

Nesse sentido, cabe ressaltar que, para atingir objetivos, é de suma importância saber quais são os seus recursos disponíveis para tal.

Eu preparei alguns quadros, que estarão logo à frente, e por meio deles você saberá quais são os recursos que devem ser gerenciados e alguns pontos de observação.

Nos quadros estão embutidos vários dos conceitos básicos da Administração e de nomes consagrados da área. Você poderá utilizá-los de duas formas: corporativa e individual. Em ambas, os recursos são basicamente os mesmos. Utilize-os como parametrizadores para criação de suas análises e definições dos recursos; isso é muito importante. Se puder, também faça uma pequena lista deles. Melhor ainda!

Também é importante que você coloque as observações que achar necessárias para cada quadrante. Poderá desse modo, criar um quadro só seu (há uma cópia desse quadro, vazia, no final do livro, na área de exercícios, para sua prática pessoal).

Como os recursos são sempre escassos, é de suma importância para atingir objetivos e metas que se tenha conhecimento de seus limites e recursos, tanto como empresa quanto como indivíduo.

07 RECURSOS QUE DEVEM SER GERENCIADOS PARA CONSTRUIR OBJETIVOS E METAS ATINGÍVEIS

4 FUNÇÕES BÁSICAS ADMINISTRATIVAS	DIRIGIR RUMO / CAMINHO	PLANEJAR USO DOS RECURSOS	ORGANIZAR ESTRUTURAR	CONTROLAR REGISTRAR / AVALIAR
Objetivos Corporativos ou Individuais	**Missão:** razão da existência da empresa ou do indivíduo. **Visão:** sonho quase "inatingível" para o negócio ou para pessoa. **Crenças:** atitudes perante o mercado e a sociedade que fortalecem e suportam a missão e visão.	Planejar os recursos necessários para produzir um bem ou serviço para a empresa ou para si.	Providenciar e disponibilizar os recursos necessários para a operação.	Acompanhar, relatar e avaliar os resultados da operação, identificando acertos e desvios em relação ao planejamento. Estabelecer os indicadores gerenciais de performance e de qualidade necessários para os sete recursos.

Você notará que tanto nessa matriz de recursos quanto na matriz de objetivos o ponto de partida é missão, visão e valores, tanto corporativos quanto individuais.

Se você não tem uma razão de existir e a empresa também não, então não existe significado: não há justificativa para construir objetivos e metas, se eles não servirão para um bem maior. Essa lógica tem a ver com propósitos e legados.

Se você tem a pretensão de construir metas e objetivos individuais ou umbigólatras, não continue lendo. Sabe por quê?

Todos objetivos e metas têm a necessidade de envolver outras pessoas, até porque planejar bem significa um ato de respeito para com aqueles que dependem de você para atingir seus objetivos e metas.

Portanto, sozinho é impossível, não prazeroso, e, tampouco, engajador.

Quem determina as metas e submetas para a organização ou para os colaboradores deve se responsabilizar, automaticamente, em suprir os recursos e os meios para que elas sejam atingidas.

Toda vez que você atingir suas metas e objetivos, necessariamente, ajudará outras pessoas. Isto tem a ver com propósitos e legados.

Voltemos para nossos quadros (mapas) de recursos.

Você poderá acrescentar muitos itens nos quadros de recursos, mas você pode ficar à vontade para construir seus próprios quadros, caso sinta necessidade. Isto lhe ajudará a gerenciar melhor e, com mais eficiência, os passos para atingir seus objetivos, principalmente se forem pessoais. Lembre-se: aquilo que não se mede, não se gerencia.

Quero comentar recurso por recurso para que fique mais claro, visto que você poderá notar que a matriz tem um perfil mais corporativo do que pessoal. Então, elucidarei um pouco mais, pois, se achar necessário criar uma com características pessoais, será mais fácil.

Não há como ordenar por grandeza ou prioridades esses recursos, pois todos têm valores e pesos importantes.

Os recursos são únicos para cada empresa e para cada pessoa. Dessa forma, cabe minha insistência para que você tenha o trabalho de construir uma matriz para sua empresa ou para você.

Além de representar um desafio, será bom para refletir sobre eles durante a construção.

Gosto de um parágrafo em um dos livros do Jim Collins que ajuda-nos a pensar um pouco mais sobre a grande responsabilidade de construir objetivos e metas atingíveis. Veja o que diz:

> "É indisciplinado dar saltos descontínuos em áreas pelas quais você não é apaixonado. É indisciplinado agir de forma incoerente em relação aos seus valores essenciais. É indisciplinado investir substancialmente em áreas nas quais você não tem como desenvolver uma competência distinta, melhor que seus concorrentes. É indisciplinado mergulhar precipitadamente em atividades que não se encaixam no seu motor econômico ou de recursos. É indisciplinado viciar-se em escala. É indisciplinado negligenciar seu negócio principal enquanto você faz incursões em empolgantes novas aventuras. É indisciplinado comprometer seus valores ou perder de vista seu propósito essencial na busca pelo crescimento e pela expansão." (COLLINS, 2010).

FINANCEIRO	DIRIGIR RUMO / CAMINHO	PLANEJAR USO DOS RECURSOS	ORGANIZAR ESTRUTURAR	CONTROLAR REGISTRAR / AVALIAR
OBJETIVOS 01	Recursos próprios dos Sócios Recursos de Investidores Recursos de instituições Financeiras	Quantidade de recursos para produzir o produto atendendo uma expectativa de volume em um espaço temporal	Infraestrutura Máquinas e Equipamentos Fornecedores Tecnologia da Informação	Rentabilidade Impostos Custo do Produto Vendido – CPV Despesas Distribuição

Recurso Financeiro

Um dos recursos mais complexos e difíceis de administrar. A falta de competência para administrar tal recurso pode comprometer toda a estratégia de uma empresa em busca de objetivos próprios, enquanto que o mesmo pode ocorrer em relação à estratégia por objetivos pessoais.

Existem, basicamente, duas formas de aperfeiçoar os recursos financeiros: melhorando o lucro/receita, ou, então, reduzindo os custos/despesas.

Claro que o mundo ideal seria o da imagem ao lado, onde o lucro melhora conforme o aumento do faturamento e há redução de despesas e custos ao mesmo tempo.

− CUSTO/DESPESAS **LUCRO = MAIS RECURSOS** **+ FATURAMENTO**

O fato é que há complicações ao gerir ambas ações ao mesmo tempo em uma empresa pelo grande número de variáveis, como clientes, fornecedores, mercados, funcionários, etc.

Por falta de "braço" e de tempo, às vezes você não consegue melhorar suas receitas ou reduzir ao máximo custos e despesas. Por exemplo: arrumar outra atividade, além da que já tem, pode ser impossível por falta de competências ou de maior tempo disponível.

Outro fato é a capacidade de gestão dos recursos financeiros existentes. Todas as metas e objetivos devem estar alinhados aos recursos, pois, praticamente, não se consegue fazer nada sem dinheiro.

A viabilidade econômica dos objetivos é de suma importância, portanto uma boa gestão de recursos de informações e sistemas ajuda na gestão do recurso financeiro.

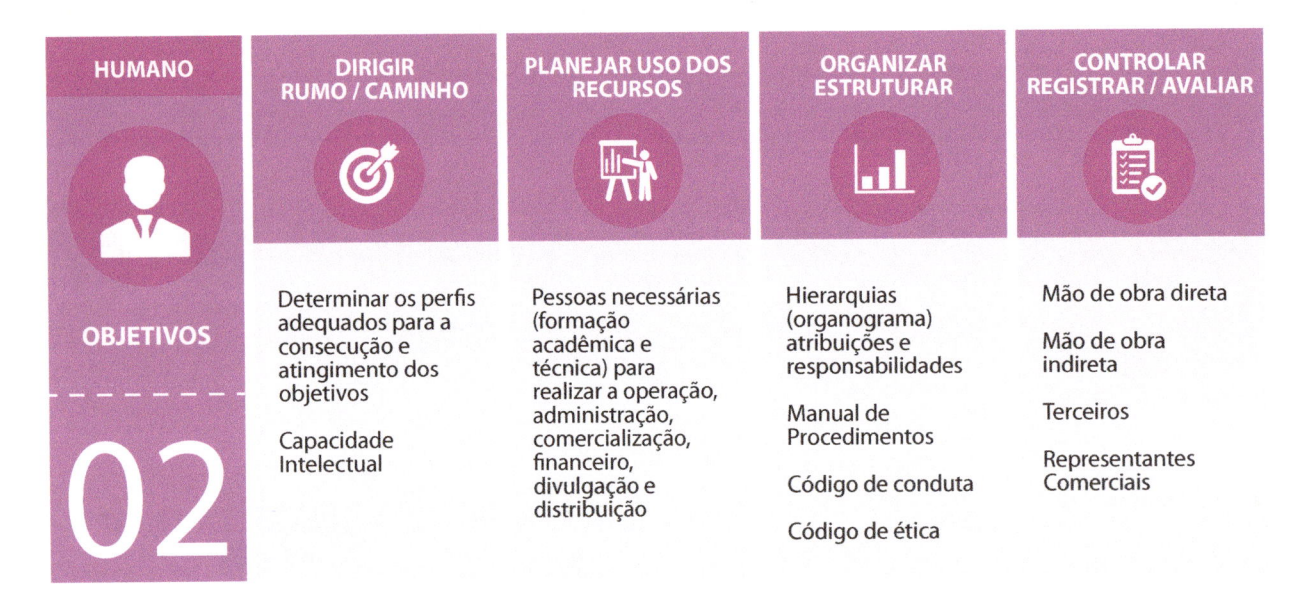

HUMANO	DIRIGIR RUMO / CAMINHO	PLANEJAR USO DOS RECURSOS	ORGANIZAR ESTRUTURAR	CONTROLAR REGISTRAR / AVALIAR
OBJETIVOS 02	Determinar os perfis adequados para a consecução e atingimento dos objetivos Capacidade Intelectual	Pessoas necessárias (formação acadêmica e técnica) para realizar a operação, administração, comercialização, financeiro, divulgação e distribuição	Hierarquias (organograma) atribuições e responsabilidades Manual de Procedimentos Código de conduta Código de ética	Mão de obra direta Mão de obra indireta Terceiros Representantes Comerciais

Recurso humano

Dividirei o assunto em dois parágrafos para você: o primeiro será corporativo; o segundo, pessoal. Por isso, tomo a liberdade de deixá-los um pouco longos.

Empresa com foco em pessoas tem um pouco mais de facilidade para atingir metas e objetivos, pois o nível de engajamento é alto. Outro fato é a multidisciplinaridade de todos os colaboradores nos três estágios (estratégico, tático e operacional), porque as competências múltiplas também facilitam o cumprimento das metas. Sendo assim, a capacidade de contratar pessoas certas e colocá-las nos lugares corretos faz toda a diferença. Veja: não afirmei que em empresas com um perfil diferente do traçado não se consiga atingir objetivos e metas, só tentei dizer que, nesses casos, é um pouco mais complexo desenhar as metas, submetas, objetivos e, consequentemente, atingi-los.

Para objetivos e metas pessoais ou individuais, o fator humano está ligado ao desempenho, esperança, persistência e dedicação. Quando você constrói objetivo e metas atingíveis de caráteres pessoais, o seu envolvimento e comprometimento se tornam fatores decisivos para cumpri-los. Sem uma mudança de atitude e sem controle, você não conseguirá atingi-los, porque, nesse caso, não dá para substitui-lo.

Mais para frente, você verá um exemplo.

Não há mudança sem desconforto.

INFRAESTRUTURA	DIRIGIR RUMO / CAMINHO	PLANEJAR USO DOS RECURSOS	ORGANIZAR ESTRUTURAR	CONTROLAR REGISTRAR / AVALIAR
OBJETIVOS 03	Região geográfica, Ambiente sociocultural, Ambiente político-legal, SCM - Supply Chain Management, Ambiente natural	Distribuição dos recursos dentro da Infraestrutura disponibilizada	Planta física	Energia, água, telefonia, aluguéis, links de ti, manutenção predial, frota, etc.

Recurso de Infraestrutura

Quanto a esse recurso, vale salientar alguns pontos que acredito serem de suma importância, como, por exemplo, a capacidade de armazenamento da produção.

Suponha que, em seu objetivo, exista uma meta ligada ao aumento da capacidade produtiva para atingi-lo.

Então, você deve se atentar para toda infraestrutura existente, tanto mínima como máxima, e pensar em fatores como rotatividade, abstinência, afastamentos, etc.

A falta de infraestrutura pode comprometer o objetivo e as metas, visto que um erro de análise, em relação a esse recurso, pode impedir que seja aumentada a capacidade de produção e, consequentemente, gerar necessidade de maior investimento financeiro. Lembre-se que esses recursos estão "amarrados"; são interdependentes.

No caso de objetivos e metas individuais, você deve compreender qual a infraestrutura que está a sua volta para poder embasar a construção deles.

Imagine que uma de suas metas é melhorar a sua residência; a ela, por exemplo, está atrelada uma submeta: construir dois cômodos para receber mais pessoas.

Se as infraestruturas do prédio ou do condomínio não permitem, a submeta em questão perde a validade automaticamente, de modo que compromete, ainda, a meta e o objetivo.

EQUIPAMENTOS MÁQUINAS / OBJETIVOS 04	DIRIGIR RUMO / CAMINHO	PLANEJAR USO DOS RECURSOS	ORGANIZAR ESTRUTURAR	CONTROLAR REGISTRAR / AVALIAR
	Tecnologias disponíveis	Pcp – planejamento e controle da produção Tecnologia da Informação	Aquisição Entrega Montagem	Manutenção Utilização da Capacidade Produtividade Eficiência

Recurso de máquinas e equipamentos

Parece que se trata de um recurso exclusivo para objetivos organizacionais, não é mesmo? Engano!

Imagine o seguinte acontecimento: seu objetivo tem metas pessoais de produtividade; está relacionado a um computador de ótimo desempenho, enquanto que você dispõe de uma máquina ultrapassada, lenta, com pouca memória e HD incapaz de armazenar seus novos projetos.

Fato: esse problema atinge seus outros recursos, como tempo, humano e financeiro. Assim, consequentemente, suas metas e objetivo.

Ah! Mas você não dispõe de recursos financeiros suficientes para substituir suas máquinas e equipamentos? Então terá que ser extremamente realista com o recurso tempo, por exemplo, e ajustar suas submetas para cumprir a meta com um tempo um pouco maior. Isso faz sentido?

Se você estiver construindo, porém, objetivos e metas organizacionais, a atenção a itens como capacidade produtiva total e parcial, lead time de entrega, set-up de máquinas atuais, mudança ou alteração de linhas de produção, enfim, deve ser total, visto que, se você não dispuser desses recursos nem a companhia puder oferecê-los, deverá se atentar a não contar com eles. As metas têm que ser atingíveis e realistas. Lembra-se?

Já vi muitos empresários e gestores cometerem erros graves durante a construção de suas metas por não considerarem esse recurso. Consegue imaginar o que aconteceu?

MATÉRIA-PRIMA	DIRIGIR RUMO / CAMINHO	PLANEJAR USO DOS RECURSOS	ORGANIZAR ESTRUTURAR	CONTROLAR REGISTRAR / AVALIAR
OBJETIVOS 05	Fornecedores estratégicos	Desenvolvimento de fornecedores Prazos Prazos de atendimento	Compras Compras junto aos fornecedores Estocagem Giro dos estoques	Giro dos estoques Custo de Armazenagem

Matéria-prima e materiais

Gestão de estoque e controle de custos também são importantes para o atingimento das metas.

Você pode pensar nesse recurso compartilhando metas com compras.

Em momentos de ajustes, como, por exemplo, grandes crises no país ou no capital, quando não há aumento de vendas fica muito difícil reduzir custos. Esse é o momento mais importante para compreender melhor os custos de matérias-primas e materiais.

Enquanto você constrói objetivos e metas pessoais, deve olhar para o presente recurso na hora de fazer seu exercício de construção da matriz, de modo a focar as matérias-primas necessárias para se manter ou manter sua família.

Não há muita dificuldade. Imagine que sua família e você são uma empresa e operam de forma organizada. Sempre digo que essas análises de recursos e a construção da matriz de objetivos servem para todo tipo de organização. Logo, servirão também para sua família e você.

TEMPO / OBJETIVOS 06	DIRIGIR RUMO / CAMINHO	PLANEJAR USO DOS RECURSOS	ORGANIZAR ESTRUTURAR	CONTROLAR REGISTRAR / AVALIAR
	Duração do projeto	Distribuição de tarefas	Processos	Prazos de recebimento
	Tempo de aquisição dos recursos	Metas	Fichas técnicas dos produtos (padrão)	Prazos de pagamentos
		Prazos	Máquinas paradas	Prazos de atendimento
			Setup e startup	Prazos de aquisição
			Quebra	Lead time de produção, comercialização e distribuição

Recurso tempo

Esse recurso merece destaque por ser o único irrecuperável e inalterável. Contudo, pode ser maximizado e otimizado.

Como curiosidade, vale citar que o dia tem, somente, 1440 minutos. Creio que muitas pessoas não fazem essa mensuração do tempo.

Quanto à maximização, pode ser feita por meio de gestão inteligente do tempo, da agenda, dos processos e procedimentos, sendo possível otimizá-lo com melhoria de performance.

Durante a construção de seus objetivos e metas, você precisa utilizar muito bem esse recurso finito.

Você notará, com o auxílio da matriz de objetivos e do Canvas, que ele é parte integrante e importante das metas e das submetas como um dos responsáveis pela porção quantitativa do objetivo.

Nesse contexto, é responsável por ditar a medida de tempo de cada tarefa, de cada meta e submeta atingidas. É por meio desse recurso que você consegue programar os momentos exatos para cumprimento de cada etapa.

Você viu, na matriz de recursos (em todos os quadros), que deve avaliar todo o processo com diligência metodológica quanto ao tempo.

Lembre-se: você só pode ajustá-lo.

Não é proibido ajustar os tempos que você definiu para cada meta ou submeta, até porque existem muitas variáveis ambientais que se alteram durante todo o processo de alcance dos objetivos, de modo que perceberá essa necessidade de quando em vez.

Um exemplo: você estabeleceu determinado prazo para cumprimento de uma meta pessoal e, de repente, uma doença grave acometeu algum familiar ou ente querido seu, ou, até mesmo, você. Isso, automaticamente, de um modo ou de outro, tem poder de afetar suas metas e submetas. Por isso, insisto: o que não se mede não se gerencia. Você pode postergar, mas sem perder o foco.

Veja outro: você aloca determinado tempo para uma submeta organizacional e um de seus colaboradores-chave, nesse ínterim, acaba desligado da companhia. A partir desse momento, um ajuste da meta ou da submeta se faz necessário, porém sem perda de foco no objetivo.

O fato é que o tempo pode e deve ser ajustado durante os procedimentos de revisão das metas e das submetas; não se martirize, caso isso ocorra. Não tem a ver com incompetência, mas com planejamento e controle.

Durante a construção de objetivos é preciso administrar variáveis macro e microambientais. Então, quanto mais atenção, melhor o gerenciamento, mesmo que precise de ajustes.

Constatei, muitas vezes, que a falta da gestão do tempo, principalmente, leva muitas pessoas a abandonarem precocemente os próprios objetivos. Para algumas, tal fato pode, ainda, trazer desilusão, depressão.

INFORMAÇÃO / OBJETIVOS	DIRIGIR RUMO / CAMINHO	PLANEJAR USO DOS RECURSOS	ORGANIZAR ESTRUTURAR	CONTROLAR REGISTRAR / AVALIAR
	Estudo de viabilidade econômica	Sistemas de informações ERP/ BI / CRM e SIM	Segurança da informação	Transação de dados, comunicação, sistemas de informações, desenvolvimento e melhorias de relatórios

07

Recurso informação ou sistema

Hoje em dia, temos uma quantidade enorme de informações e dados, mas percebo, a cada dia que passa, que as pessoas e as empresas enfrentam dificuldades para consolidar tantas informações e transformá-las em conhecimento.

Dessa forma, há muita informação e pouco conhecimento relevante para os negócios e para a vida.

Existe um frenesi pela informação: todos devem saber sobre tudo, sendo isso impossível, visto que não temos todas as capacidades desenvolvidas nem um "hardware mental" habilitado para tamanho armazenamento. Nosso cérebro é programado para reservar e administrar energia. Também é responsável por consumir cerca de 25% da energia de nosso corpo, e pesa cerca de 1,5 kg.

A capacidade de administrar esse recurso resulta constante busca e diligência pelo foco no objetivo declarado. Para tanto, deve se alinhar ao recurso financeiro, pois a análise da viabilidade econômica de seus objetivos e metas também são muito importantes, conforme mencionado anteriormente.

A utilização de bons sistemas de informação auxiliam as empresas no cumprimento do objetivo e das metas, porque otimizam informações, transformando dados em informação e informação em informação relevante para o negócio e para o objetivo.

Contudo, o input dos dados deve ser correto para facilitar a análise. Cuidado! Nem tudo que está disponível em um sistema é a mais pura verdade sobre a realidade.

RETOMANDO

Na retomada das reflexões, acredito que vale a pena citar um trecho de Dan Sanders.

Em seu livro Empresas Feitas para Servir, ele compartilha um pouco sobre a construção de objetivos e metas. Para tanto, utiliza o modelo desenhado abaixo e, em certo momento, nas páginas 62 e 63, ele diz o seguinte (ipsis litteris):

RESULTADO
- ESTRATÉGIA
- METAS
- VALORES
- MISSÃO
- VISÃO
- NOSTALGIA
- QUESTIONAMENTO IMPRODUTIVO
- ISOLAMENTO
- DEMISSÃO

No lado esquerdo do desenho, o progresso leva à realização de uma visão. O resultado, aqui, é satisfação. Quando meu médico disse que, por decorrência da pressão alta, eu deveria perder peso, mudei esse modelo: com ele, criei uma nova visão, na qual sou um homem saudável; também, uma nova missão: perder peso.

Então, coloquei as duas à prova em relação aos meus valores pessoais e vi que haveria conflitos, porque a pressão alta era uma ameaça às coisas que eu queria realizar como marido, amigo e pai.

Depois, estabeleci uma meta: perder 12 quilos. Por fim, planejei uma estratégia: fazer exercícios pelo menos três vezes por semana (isso, aqui, é o que chamo de submeta) e, ao mesmo tempo, mudar radicalmente minha alimentação. Como resultado, perdi todo o peso necessário.

Esse é apenas um exemplo de como o modelo é usado. Depois que perdi peso, minha visão se tornou ainda mais importante; quando minha meta parecia ameaçada, eu encontrava força e esperança ao imaginar o que alcançaria sendo mais saudável: um futuro com minha esposa, filhos e amigos.

Já o lado direito do desenho mostra uma queda. Ele começa com um pensamento nostálgico. Dizer "vamos voltar ao modo como costumávamos ser" é o primeiro estágio de um processo de quatro etapas, que resulta na desmotivação completa.

Trago essa reflexão do Sanders para ilustrar um pouco mais nossas discussões sobre objetivos, metas e a grande necessidade de levar a sério a persistência, a construção estratégica e a utilização de um método.

Conforme falei anteriormente, esse meu método da matriz e do Canvas é UM bom método. Tenho certeza que irá ajudá-lo.

> "Objetivos são apenas os sonhos de vida alimentados com paixão suficiente."
> **Don Morgam**

Daniel Lee Dierdorf, ex-jogador da liga americana de futebol e comentarista, disse o seguinte - Se eu tiver os objetivos corretos e continuar me esforçando para alcançá-los da melhor maneira possível, todo o resto acontecerá naturalmente; se eu fizer a coisa certa, sei que serei bem-sucedido.

Construir objetivos é uma tarefa um pouco complexa e que leva tempo, porém, os resultados gerados são extraordinários. Acredito que a frase do Dan Dierdorf é super-impactante, por isso a coloquei como alerta para você.

Ser uma pessoa bem-sucedida não significa ser rica, e sim ter sucesso em tudo que faz; é o lance da significância, do qual falei no início do livro.

> "Sucesso é a soma de pequenos esforços repetidos todos os dias."
> **Robert Collier**

10 PRINCÍPIOS SOBRE CONSTRUÇÃO DE OBJETIVOS

Existem alguns princípios que precisam ser levados em conta quando se fala em construir objetivos atingíveis.

1 Todo objetivo deve ser atingível, ou seja, possível de ser realizado. Para tanto, você deve construí-lo com muita cautela e investigar todos os ambientes ao seu redor. Lembre-se: objetivos devem ser desafiadores, não impossíveis.

2 Todo objetivo deve ser alinhado e coerente com a filosofia da empresa (no caso de objetivos corporativos) ou com a filosofia pessoal (no caso de objetivos pessoais), além de respeitar outros fatores, como os recursos trabalhados nos quadros chamados matriz de recursos.

3 Para estabelecer um objetivo, você deve comparar as relações entre custos e benefícios.

4 Não tenha receio de cometer erros durante a elaboração de seus objetivos ou dos da empresa, pois o aprendizado durante a aplicação faz parte do processo de construção e ajustes.

5 Todo objetivo deve ser motivador, não o contrário. Portanto, após atingido, deve ser comemorado.

10 PRINCÍPIOS
SOBRE CONSTRUÇÃO DE OBJETIVOS

6 Os objetivos devem respeitar certa ordem de importância, principalmente quando são empresariais. Quem faz tudo, o tempo todo, para todo mundo, não faz nada.

7 Todo objetivo deve ser quantificável; nesse momento que entram as metas e as submetas. As partes quantitativas dos objetivos.

8 Construir objetivos claros, pois, quanto mais fácil de entendê-los e compreendê-los, mais fácil também atingi-los, principalmente quando envolvem grande quantidade de colaboradores.

9 Todo objeto deve ser registrado. Lembre-se: quando você escreve seus objetivos, as chances de alcançá-los são muito maiores (cerca de 67%) e também para ajudá-lo a se lembrar deles continuamente.

10 Todo objetivo deve ser desmembrado em partes (metas e submetas), assim se torna mais fácil de ser atingido e gerenciado. Isso também oferece possibilidade de manobras de correção muito mais rápidas sem comprometer o todo (objetivo central), e, assim, causar a desistência; o acúmulo de desistências gera o desânimo total.

Você pode ajustar tempo, forma e indicadores gerenciais fácil e conscientemente, o que é muito bom.

Ajustes garantem certo controle, trazem engajamento, credibilidade, persistência e a crença de que o desejado será possível.

Sucesso, por Ralph Waldo Emerson:

Rir muito e com frequência; ganhar o respeito de pessoas inteligentes e o afeto das crianças; merecer a consideração de críticos honestos e suportar a traição de falsos amigos; apreciar a beleza e encontrar o melhor nos outros; deixar o mundo um pouco melhor, seja por uma saudável criança, um canteiro de jardim ou uma redimida condição social; saber que ao menos uma vida respirou mais fácil porque você viveu. Isso é ter tido sucesso.

Alguns exercícios estão, de modo didático, disponíveis para você, no fim desse livro. Nenhum método é invenção minha, apenas tomei liberdade para juntar vários deles e apresentá-los a você para que possa, desse modo, utilizá-los como processo e exercitá-los.

Nós utilizamos esse processo na Insights Corporativos, minha empresa de consultoria, para identificarmos problemas e determinarmos prioridades. Ajuda muito na construção de objetivos atingíveis e na determinação das metas.

A MATRIZ DE OBJETIVOS

Visão geral

A maior revolução da nossa geração é a descoberta de que os seres humanos, ao mudar suas atitudes mentais, podem mudar suas vidas.

William James, psicólogo.

Neste capítulo, você verá a matriz como um todo. Ou seja, pronta. A ideia de lhe apresentar a visão global ou geral da matriz é em respeito à maneira de aprender que o adulto possui. Está diretamente ligada à Andragogia, ou seja, à ciência que orienta os adultos durante a aprendizagem, visto que ele precisa saber o ponto final logo no início.

Quando o adulto tem a visão sistêmica auxilia no processo de aprendizagem.

Antes de entrar, de fato, na matriz, preciso falar para você sobre a necessidade de observar o ambiente para aproveitar melhor a construção do objetivo, bem como seu atingimento.

Os recursos disponíveis são de extrema importância (como vimos no capítulo anterior), mas a análise e o entendimento das variáveis que compõem o ambiente geral e que impactam diretamente em nossas vidas e em nossos objetivos, são bem relevantes.

Tentei ser bem sucinto, porém não superficial em minha exposição sobre os ambientes que causam impacto em nossas decisões táticas e estratégicas e consequentemente no atingimento de objetivos e metas.

O ambiente

Acho importante, neste momento, pontuar sobre a necessidade da análise do ambiente tanto para quem construirá objetivos individuais/pessoais quanto para quem construirá objetivos corporativos.

A análise minuciosa do ambiente revela a realidade e possibilita administrar melhor os recursos que já vimos anteriormente para assertividade e atingimento dos objetivos. Contudo, trata-se de uma fotografia e não de um filme. Isto exigirá de quem determinará os objetivos e metas, certa agilidade na construção.

Você se lembra das aulas de Biologia nas quais aprendeu sobre membrana, citoplasma e núcleo?

Gosto de utilizar esse tema para construir analogias que lhe permitam a boa fixação sobre seus ambientes de análise, os quais você precisará considerar na construção de seus objetivos e metas.

Existem três ambientes que nos rondam e rondam as empresas: o primeiro deles é o ambiente macro, com variáveis que são incontroláveis e que, muitas vezes, não temos acesso a elas sem utilização dos dados primários[1].

Dados primários são os que exigem de nós algum investimento para sua obtenção. Os dados secundários[2], por sua vez, são disponíveis para todos, principalmente na internet (muitas vezes, por meio de um simples cadastro em algum site).

---

[1] Segundo Mattar (2005), dados primários são aqueles que ainda não foram antes coletados. Eles são pesquisados com o objetivo de atender às necessidades específicas da pesquisa em andamento.

[2] São aqueles que já foram coletados, tabulados, ordenados e, às vezes, até analisados, com outros propósitos de atender às necessidades da pesquisa em andamento por outras fontes que não nossas.

Os variáveis macros são a membrana que envolve necessariamente todo o ambiente, também conhecido como ambiente geral.

No meio do abstrato pensamento você deve colocar um ambiente conhecido como micro, onde as variáveis são gerenciáveis, e, por fim, o núcleo, onde se encontram as variáveis empresariais ou corporativas e, no caso de objetivos pessoais, você.

Veja a ilustração:

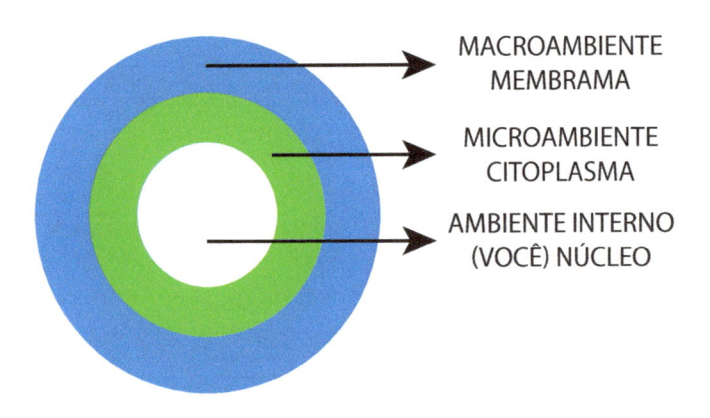

MACROAMBIENTE MEMBRAMA

MICROAMBIENTE CITOPLASMA

AMBIENTE INTERNO (VOCÊ) NÚCLEO

Em cada ambiente existem variáveis que devem ser consideradas. No macroambiente, por exemplo, você precisa fazer uma avaliação mais realista e um pouco superficial, pois as variáveis são: econômicas, político-legais, ambientais, socioculturais, tecnológicas e demográficas.

Minha sugestão, por motivos de economia, é para que você se utilize de dados secundários, mesmo porque a busca ou a investigação mais detalhada certamente acarretará custos, por vezes bem altos, principalmente para construção de objetivos pessoais, pois exigem altos custos com pesquisa de campo.

Isto não significa que você tem a autorização para ser displicente demais. Esta análise é fundamental para o conhecimento do ambiente e o quanto ele afetará seus objetivos e metas.

No que tange aos objetivos corporativos, é importante fazer as duas, tanto com dados secundários (pelo menos de dois setores) quanto com dados primários. Por exemplo: dados primários econômicos e político-legais.

A título de curiosidade, dados primários são dados produzidos pela organização e dados secundários ficam disponíveis em órgãos como: BNDES, CEF, BANCO CENTRAL, IBGE, entres outros. O problema é que os dados secundários são sempre menos confiáveis e, muitas vezes, ultrapassados. Em contrapartida, são gratuitos.

Tratando-se do microambiente, as variáveis são: concorrentes, fornecedores, clientes, bancos e sindicatos. Em relação a ele, torna-se mais prático analisar corporativamente, pois a ideia das variáveis sob a ótica empresarial é bem mais palpável do que sob a ótica pessoal.

Mas, você pode querer me perguntar: Como eu faço uma análise microambiental de objetivos pessoais? É simples. Sugiro que você faça as seguintes associações:

Concorrentes = desejos e necessidades opostos;

Clientes = esposa, filhos, parentes, você mesmo, etc.;

Fornecedores = locais de consumo ou de compras (Lojas de departamento, Universidades, Concessionárias entre outros);

Banco = agência, conta física, gerente, etc.;

Sindicato = sindicato

Se você tem a visão geral antes e sabe qual é o ponto final desejável, fica mais fácil "destrinchar" o processo. Faz mais sentido assim: começar a desenhar a matriz sem ter a visão final.

Tem um ditado chinês que diz que toda caminhada de mil quilômetros se inicia com o primeiro passo.

A ideia de construir uma casa como ilustração surgiu quando eu estava observando uma construção e, naquele instante, tive o insight de que a analogia com uma casa seria bem legal para que as pessoas pudessem construir seus objetivos, se familiarizar e não esquecerem facilmente do modelo. Afinal, um dos maiores sonhos de todos os brasileiros é a conquista da casa própria.

O sonho é o start para o objetivo. Todo objetivo nasce de um sonho, que até o momento você não sabe se é ou não atingível. O Canvas fará este trabalho para você.

Todo objetivo deve iniciar em um lugar que chamo de "tostines". Você já saberá o porquê. Primeiramente, vamos retomar alguns pensamentos.

A definição da missão é parte importantíssima na construção de um objetivo. É claro que muitas empresas já a tem definida e isso ajuda muito. Contudo, ocorre o contrário com muitas pessoas e nisso se baseia o desafio inicial.

Você poderá praticar em um modelo que está anexo ao fim do livro, mas tenha calma: é um exercício mais filosófico do que prático. É, também, muito importante. Ele fará com que você pense em seu legado e na forma como encarar as coisas e o mundo.

Outro passo inicial indispensável é a visão, que seria como a parte utópica, que serve como um direcionador para o objetivo. Lembrando que uma visão é difícil de alcançar. Muitas organizações têm sua visão definida, mas muitos indivíduos não a têm.

Ela fará com que você mantenha a chama do legado acesa.

Definir as crenças (valores) também é um passo necessário e que deve estar alinhado à estratégia da organização. Quando a construção do objetivo é pessoal, não corporativo, você deve relatar e descrever suas crenças, pois elas causam impactos decisivos em seus objetivos e suas conquistas, bem como deverá descrever o caminho e a forma como chegará lá. Vale lembrar: ética é imprescindível.

No capítulo *Construindo objetivos e metas atingíveis*, entrarei com maior profundidade nas discussões e modelos de construção para a missão, visão e crenças (valores), bem como falarei um pouco sobre a estratégia. Assim, você ficará mais seguro, informado e poderá construir seus objetivos com maior clareza.

Este momento (que abordarei no capítulo *Construindo objetivos e metas atingíveis*) é o chamado "tostines", porque nele a estratégia deve se alinhar à missão e às crenças (valores) para que ambos a traduzam. Pode parecer bastante complexo, mas é totalmente possível.

Gosto de uma definição do professor Vicente Falconi que diz que acertar na estratégia é tão complexo quanto acertar no centro de um alvo em movimento, enquanto você mira de uma plataforma em movimento com um monte de coisas passando entre as duas.

Para começar a compartilhar contigo o passo a passo da construção dos objetivos, quero que veja a primeira imagem da Matriz. Ela servirá de apoio para a construção do Canvas.

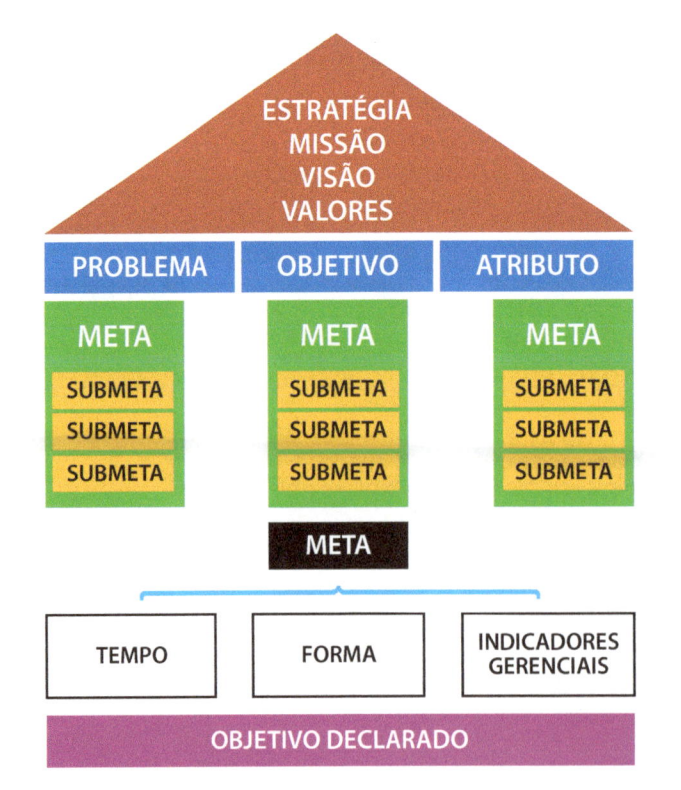

É a visão geral da Matriz. Se for um pouco mais curioso, folheie todo livro antes de seguir o passo a passo, o que será muito bom, visto que ficará mais bem informado sobre o assunto.

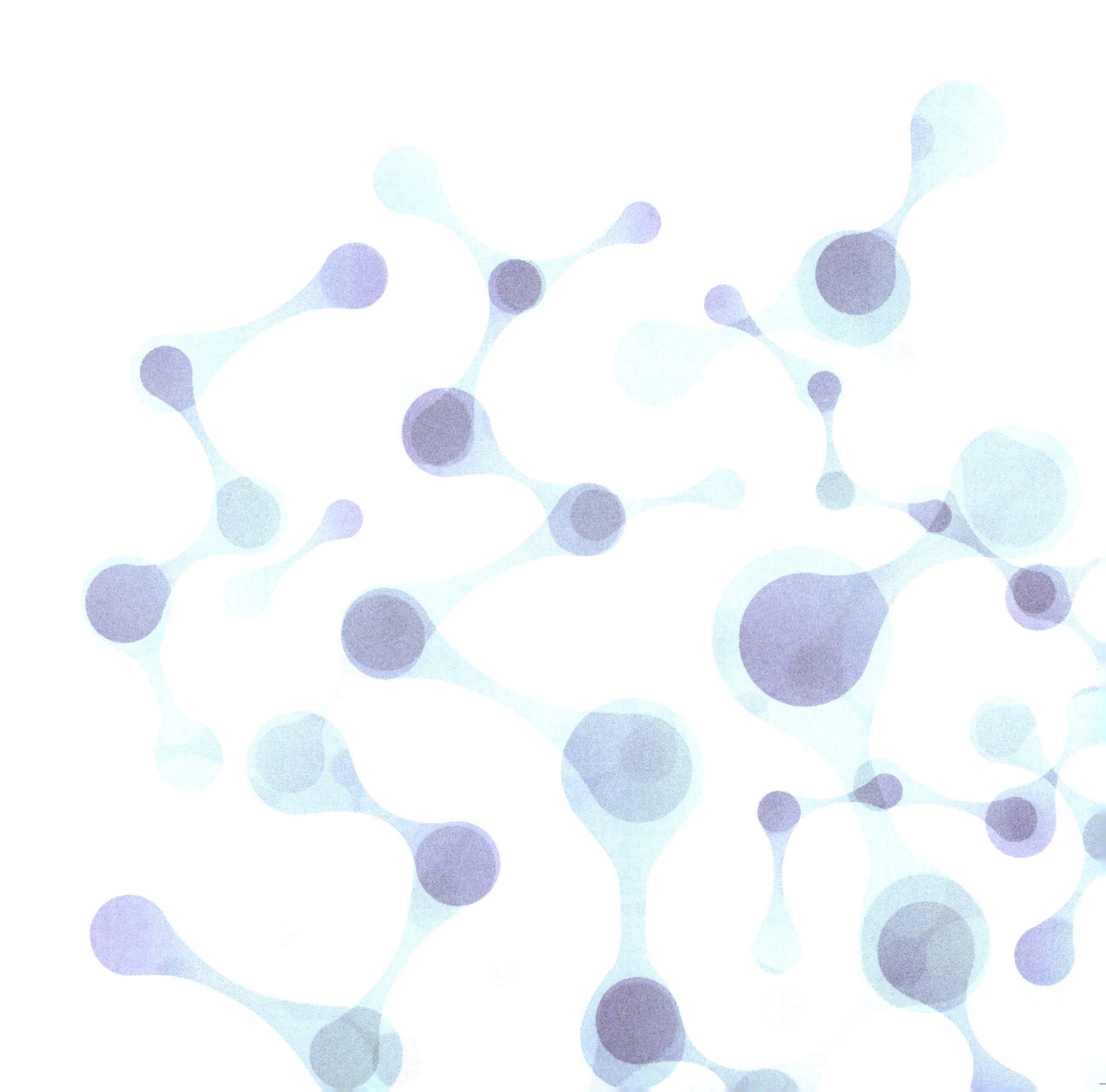

CONSTRUINDO OBJETIVOS
E METAS

Construindo Objetivos e Metas

MISSÃO-VISÃO-VALORES

"Uma missão bem difundida desenvolve nos funcionários um senso comum de oportunidade, direção, significância e realização. Uma missão bem explícita atua como uma mão invisível que guia os funcionários para um trabalho independente, mas coletivo, na direção da realização dos potenciais da empresa."

Peter Drucker

"Uma visão sem ação não passa de um sonho. Ação sem visão é só um passatempo. Mas uma visão com ação pode mudar o mundo".

Joel Barker

"O compromisso acontece quando os valores pessoais estão de acordo com os valores da organização."

Roberto Tranjan

ESTRATÉGIA
MISSÃO
VISÃO
VALORES

Este é um momento muito especial na construção de objetivos e metas. Eu, particularmente, gosto, pois é a partir daqui que as coisas se definem sem se perpetuar.

Então, a partir deste momento inicia-se a fragmentação da Matriz para que ela sirva de apoio lúdico ao processo de construção.

Você pode se perguntar neste momento: Por que não começar pelo alicerce, já que se trata da construção lúdica de uma casa?

Parto do pressuposto que a casa está pronta, por isto iniciei mostrando o projeto completo na primeira imagem no capítulo anterior.

Agora a ideia é desconstruir para construir. Após a exposição da matriz você irá construir seu objetivo se utilizando da grande vedete deste livro, o Canvas.

É o início filosófico sobre o qual comentei no outro capítulo: pensar e repensar a missão, a visão, as crenças (valores), e o mais importante: escrevê-los. Escrever oferece um norte para você na construção de seus objetivos pessoais ou corporativos.

Não ter essas definições faz com que você largue em desvantagem e corra o risco de não atingir seus objetivos.

Costumo correr meia maratona e durante muita coisa me passa pela cabeça e uma delas é que apesar de toda dor e da longa distância, eu tenho uma missão que me sustenta e uma meta para atingir, o que me faz manter a concentração e a disciplina.

Isto me faz refletir que apesar de tantas situações adversas que ocorrem entre a largada e a chegada, não posso desistir no meio do caminho; não obstante, se eu sofresse alguma lesão ou acidente eu teria que parar de correr.

Aí então, entrariam em ação as correções das quais sempre falo. Mas no ano que vem estarei na mesma prova.

EXEMPLO

Trata-se de um exemplo corporativo e espero que lhe sirva de inspiração na hora em que estiver se utilizando das etapas e passos no Canvas.

A marca de sorvetes Chiquinho:

MISSÃO

REVELAR CAMINHOS DA PROSPERIDADE, TRANSFORMANDO SONHOS INDIVIDUAIS EM REALIZAÇÕES COMPARTILHADAS

UMA MISSÃO

Deve incluir o negócio da empresa como sendo o ponto de partida. Ela tem a caraterística do RG que deve identificar "quem somos", a essência. Ela é um norteador sendo capaz de dar um rumo para as empresas e para pessoas. A missão tem o foco do presente para o futuro e tem uma vocação para a perpetuação.

VISÃO

SER A MAIOR E MELHOR REDE DE FRANQUIAS DE SORVETES DO BRASIL

UMA VISÃO

Deve ser capaz de vislumbrar o futuro, de definir quem gostaríamos de ser e o que esperamos alcançar. Ela é quase uma utopia, um sonho do negócio para as empresas e o que se quer para o indivíduo.

Ela deve ser um passaporte para o porto de chegada. É a visão a grande responsável por fornecer o combustível para nos manter em pé e avante, como tem o foco no futuro deve ser desafiadora e inspiradora.

VALORES

- FAMÍLIA E SIMPLICIDADE
- QUALIDADE E SATISFAÇÃO
- INTEGRIDADE E TRANSPARÊNCIA
- PROATIVIDADE E INOVAÇÃO
- ESPÍRITO DE SERVIR
- FOCO EM RESULTADOS SUSTENTÁVEIS
- FÉ

VALORES

Definir valores deve ser a tarefa mais complexas dos três itens iniciais, pois aqui, a escrita deve condizer com a ação e vice-versa. Valores devem levar em conta os princípios que o fazem único, servirão como guia, pois seguem um critério rígido baseado em regras e assim serão capazes de nortear o comportamento dos colaboradores e se você está construindo objetivo individual. Servirão para nortear você.

Outro Exemplo - Pessoal

Para ilustrar e também auxiliá-lo, abaixo estão os meus norteadores pessoais, construídos anos atrás.

Toda vez que olho para meus objetivos e faço ajustes neles, utilizo esses norteadores:

Objetivo: Cooperar e colaborar para a melhoria da educação em meu país, durante o restante de minha vida. Contribuindo para melhoria de indicadores da educação formal e corporativa.

Missão: "Devolver" à sociedade pessoas, ao fim de cada ciclo, melhores e mais capacitadas do que quando chegaram a mim.

Propósito: Buscar incansavelmente a melhoria contínua e compartilhá-la com todas as pessoas que estão ao meu redor e que fazem parte da minha rede de relacionamentos.

Visão: Tornar-me um referencial na Educação e na humanização do chamado mundo corporativo pela contribuição na formação de cidadãos melhores.

Crenças:

- Crer no ser humano como ator transformador do ambiente e dos processos;
- Ser Coerente;
- Ter Resiliência;
- Ter Fé;
- Ser Comprometido.

Frase: Não sou quem eu gostaria de ser ainda, mas também não sou mais quem e como eu era antes.

Enquanto escrevia minha missão, visão e crenças (valores), o que demorou um bocado de tempo, senti que deveria traduzir, de fato, meus anseios, minhas expectativas, minhas ideias e meus ideais.

Espero que, ao construir sua missão, visão e crenças utilizando o exemplo acima, você se veja como realmente é: indivíduo único, diferenciado e capaz de contribuir com a sociedade de forma ímpar.

O que você tem a fazer está designado somente a você. Faz sentido? Já que você é único, existem coisas que só você pode fazer.

Lembre-se: em relação às empresas, é a mesma coisa. Todo empresário deveria saber que sua empresa é única e que a missão dela na sociedade também é única.

Não tenha medo da "tela branca" na hora de iniciar sua reflexão: escreva sem medo e ajuste depois, um pouco por vez.

Pode começar por onde quiser, o importante mesmo é chegar a uma missão, visão e crenças (valores).

Você leu modelos de missão, visão e crenças, tanto corporativos quanto individuais.

Espero que esses exemplos o auxiliem na construção de seus objetivos pessoais ou corporativos.

Uma história

Esta história eu retirei do livro Empresas Feitas para Servir, do Dan Sanders e Paulo Polzonoff Junior. Veja só como é incrível:

> Em qualquer organização, definir o que se está fazendo para realizar a visão traz clareza. Pouco depois que entrei para a diretoria da United, decidimos refazer nossa declaração de missão; ela era expressa em 35 palavras e nenhum de nossos executivos a conhecia de cor; não podíamos esperar que milhares de membros da equipe se lembrassem dela. Precisávamos de uma frase curta, que fosse capaz de dar vida a nossa visão de servir e melhorar a vida do outros e da qual todos se lembrassem.
> Nossa equipe ficou inspirada para agir depois de assistir a um documentário sobre a NASA. O filme mostrou aquela que, talvez, tenha sido a declaração de missão mais divulgada no mundo nos anos 1960: o presidente John F. Kennedy desafiou seu país a levar um homem à Lua e trazê-lo de volta em segurança até o final da década. Aquele desafio, feito em 1961, significou que o programa espacial recém-nascido teria de lançar mão de todos os seus recursos rapidamente.
> Para ajudar a equipe a manter o foco, os líderes da NASA difundiram uma declaração de missão que refletia sua nova visão: "Levar o Homem à Lua e trazê-lo de volta em segurança", a quais muitos se referiram, simplesmente, como "A Lua".

Com essa declaração, a agência espacial - que desde sua criação, em 1958, não tinha um objetivo específico -, conseguiu inspirar feitos incríveis.

Historiadores que entrevistaram funcionários da NASA, na época, notaram que todos pareciam extraordinariamente focados na missão: dos faxineiros aos cientistas responsáveis pelos projetos, a equipe inteira estava incrivelmente concentrada e confiante. Fracassar não era uma opção.

Embora as pessoas da United não tenham mandado o Homem à Lua e reescrito história da humanidade, nossa nova declaração de missão transformou, realmente, a história de nossa empresa: atendimento insuperável, desempenho superior e impacto positivo. "Essas seis palavras mudaram o modo como as pessoas envolvidas com a empresa viam nosso trabalho." (Dan Sanders e Paulo Polzonoff Junior).

Conseguiu perceber a grande diferença que faz uma missão verdadeira? Ela mantém o foco e a direção, encoraja e engaja.

Não deixe de pensar na construção da sua.

A Estratégia

A estratégia é um meio que as empresas e as pessoas devem utilizar para atingir os objetivos e metas. Os objetivos não alinhados à estratégia vigente normalmente levam a um grande desperdício de energia e de tempo.

A construção da estratégia envolve a determinação de cursos de ação apropriados.

> As estratégias estão divididas em três grandes grupos: estratégia de estabilidade, de crescimento, ou de redução de despesas. Ou seja, ou a empresa (ou pessoa) fica do jeito que está, ou cresce ou reduz de tamanho (CERTO; PETER; STEFFEN, 1993, p. XX).

Você deve prestar atenção neste momento, pois a sua definição de estratégia é muito importante na definição dos caminhos para alcance de objetivos pessoais ou empresariais.

Voltemos ao conceito lúdico da casinha. Após a definição de missão, visão e crenças (valores), o próximo passo é criar, desenvolver e estabelecer uma estratégia.

Em minha opinião, uma boa maneira de se começar a definir uma estratégia é saber o que você ou a empresa não querem ser.

Porque definir o que pretende ser até que é fácil, afinal, fomos orientados, desde crianças, a responder a pergunta: "O que você quer ser quando crescer?".

Também fomos orientados a optar pelo simples e pelo fácil, e, muitas vezes, pelo mais conveniente.

Algumas perguntas que você pode fazer para buscar a definição de seus objetivos pessoais são: Quais cursos eu não farei? Quais lugares não me interessam? Quais relacionamentos eu não quero ter? Que tipo de gente não me aconselhará? Quem não vai caminhar comigo para cumprir minha missão?

Para a busca da definição dos objetivos empresariais, as perguntas são: Quem não atenderemos? O que não faremos para atingir o objetivo (posicionamento ético, por exemplo)? Quais pessoas não poderão trabalhar conosco? Quais lugares não serão atendidos por nós? Qual será nosso core business? Entre outros.

Claro que não há fórmula mágica para fazer tantas perguntas. Este é o tipo de exercício que dá muito trabalho e não é a única maneira de se definir a estratégia, mas eu acredito que seja uma boa maneira de se iniciar os pensamentos e caminhar para uma boa definição.

Uma dica minha é ler o livro Estratégia do Oceano Azul.

Um brainstorming também é muito bem-vindo nessa etapa.

> Brainstorming é o método pelo qual um grupo tenta encontrar uma solução para um problema específico por meio da acumulação de ideias espontâneas como contribuição de todos os membros desse grupo. (OSBORN, 1963).

Para auxiliar e elucidar tomei a liberdade de adicionar algumas definições de estratégia para você se orientar na construção da sua ou da estratégia sua empresa.

ESTRATÉGIA

Estratégia

Segundo Fernandes e Berton (2005, p.4), a estratégia é o conjunto de grandes propósitos, dos objetivos, das metas, das políticas e planos para concretizar uma situação futura desejada, considerando as oportunidades oferecidas pelo ambiente e os recursos da organização.

Costa (2007), define estratégia como um processo de transformação organizacional voltado para o futuro, liderado, conduzido e executado pela mais alta administração com a colaboração de todos os stakeholders internos.

Eu entendo que podemos pensar em gestão estratégica, modelo estratégico e sistema estratégico. Para mim, o mais sensato é pensar em sistema porque serve para qualquer tipo de empresa e indivíduo: um sistema pressupõe partes interligadas de um todo na busca por resultados.

Um pouco de discernimento e conhecimento acerca das várias óticas estratégicas podem embasar como as empresas se encaixariam nelas ou não.

No próximo quadro, você poderá ler algumas definições de estratégia para abrilhantar nosso trabalho e servir de guia para quem não tem muita familiaridade com o assunto.

AUTORES	DEFINIÇÕES DE ESTRATÉGIA
Chandler (1962)	Estratégia é a determinação dos objetivos básicos de longo prazo de uma empresa e a adoção das ações adequadas e afetação de recursos para atingir esses objetivos.
Learned, Christensen Andrews, Guth (1965) Andrews (1971)	Estratégia é o padrão de objetivos, fins ou metas e principais políticas e planos para atingir esses objetivos estabelecidos de forma a definir qual o negócio em que a empresa está e o tipo de empresa que é ou será.
Ansoff (1965)	Estratégia é um conjunto de regras de tomada de decisão em condições de desconhecimento parcial. As decisões estratégicas dizem respeito à relação entre empresa e o seu ecossistema.
Katz (1970)	Estratégia refere-se à relação entre a empresa e o seu meio envolvente: relação atual (situação estratégica) e relação futura (plano estratégico, que é um conjunto de objetivos e ações a tomar para atingir esses objetivos).
Steiner e Miner (1977)	Estratégia é o forjar de missões da empresa, estabelecimento de objetivos à luz das forças internas e externas, formulação de políticas específicas e estratégias para atingir objetivos e assegurar a adequada implantação de forma e que os fins e objetivos sejam atingidos.
Hofer e Schandel (1978)	Estratégia é o estabelecimento dos meios fundamentais para atingir os objetivos sujeitos a um conjunto de restrições do meio envolvente. Supõe: a descrição dos padrões mais importantes da afetação de recursos e a descrição das interações mais importantes com o meio envolvente.
Porter (1980)	Estratégia competitiva são ações ofensivas ou defensivas para criar uma posição defensável numa indústria para enfrentar com sucesso as forças competitivas e assim obter um retorno maior sobre o investimento.

AUTORES	DEFINIÇÕES DE ESTRATÉGIA
Jauch e Glueck (1980)	Estratégia é um plano unificado, englobante e integrado relacionando as vantagens estratégicas com desafios do meio envolvente. É elaborado para assegurar que os objetivos básicos da empresa sejam atingidos.
Quinn (1980)	Estratégia é um modelo ou plano que integra os objetivos, as políticas e a sequência de ações num todo coerente.
Thietart (1984)	Estratégia é o conjunto de decisões e ações relativas à escolha dos meios e à articulação de recursos com vista a atingir um objetivo.
Martinet (1984)	Estratégia designa o conjunto de critérios de decisão escolhido pelo núcleo estratégico para orientar de forma determinante e durável as atividades e a configuração da empresa.
Ramanantsoa (1984)	Estratégia é o problema da afetação de recursos envolvendo de forma durável o futuro da empresa.
Mintzberg (1988)	Estratégia é uma força mediadora entre a organização e o seu meio envolvente: um padrão no processo de tomada de decisões organizacionais para fazer face ao meio envolvente.
Hax e Majluf (1988)	Estratégia é o conjunto de decisões coerentes, unificadoras e integradoras que determina e revela a vontade da organização em termos de objetivos de longo prazo, programa de ações e prioridade a afetação de recursos.

Fonte: Adaptado de Nicolau (2001).

Construa você objetivos e metas pessoais ou corporativos, precisará de uma estratégia e de um plano de ação para o atingimento deles.

Definir caminhos que nada têm a ver com os traçados por você e para você não é tarefa fácil. Entretanto, lembre-se de uma coisa: a estratégia pode ser alterada durante a trajetória, porém, mais importante do que alterá-la é tê-la, pois, para quem não sabe para aonde vai, qualquer caminho serve. Outro detalhe: a estratégia construída precisa levar as crenças em consideração.

Os objetivos são responsáveis por determinar o que a empresa ou o indivíduo quer atingir. Por isso, devem responder:

O que queremos? (para empresa)

O que quero? (para o indivíduo)

A estratégia, por sua vez, é constituída pelas ações necessárias para alcance dos objetivos e deve responder a pergunta: Como?

(Você poderá praticar essas ações no Canvas de construção de objetivos e metas que está mais adiante).

Sendo assim, você deve ser capaz de escolher, dentre todos os recursos, aqueles capazes de atender a estratégia para atingir os objetivos. Se for o caso, retorne à matriz de recursos para elucidação.

Agora, você também sabe construir sua estratégia.

Ah! Não se esqueça de que tudo partiu de um sonho!

ESTRATÉGIA
MISSÃO
VISÃO
VALORES

Ainda sobre o que falei anteriormente, no que tange à formulação das estratégias, é importante que você se certifique de que sua meta e estratégia serão construídas com base no que você quer, após ter refletido no que não quer. Correto?

Deixe-me ilustrar um pouco. Vamos imaginar a seguinte situação:

"Quero que meus colaboradores parem de se queixar"; ou: "Não quero me sentir mal quando minhas propostas não forem aceitas";

...ou: "Não quero falar tão rápido durante as minhas apresentações". Pensando assim, você se foca apenas no que não quer.

Agora, vamos pensar da seguinte forma:

"Quero que meus colaboradores assumam a responsabilidade por suas tarefas."; "Quero aceitar meus feedbacks como oportunidades para melhorar minhas propostas e técnicas de comunicação.";

"Quero ter consciência da minha voz, ao falar, e ter flexibilidade para ajustá-la quando quiser.". Dessa forma, você se foca no que quer.

Deu para entender um pouco as diferenças e refletir para escrever as suas?

Steve Andreas e Charles Faulkner dizem que, quando as pessoas pensam no que não querem, ou no que querem evitar, quase sempre produzem exatamente isso em suas vidas, porque é no que focam suas mentes.

Esses são mais alguns exemplos dos efeitos das frases estruturadas na negativa. Passar a falar o que você quer, e não o que não quer, é simples e faz uma enorme diferença.

Pense um pouco sobre isso e verá o quanto faz sentido em relação à construção de uma estratégia decente e cooperativa para seus objetivos e metas.

Problema e atributo

Não existem métodos fáceis para resolver problemas difíceis.
René Descartes

Os problemas significativos que enfrentamos não podem ser resolvidos no mesmo nível de pensamento em que estávamos quando os criamos.
Albert Einstein

Este ponto da construção dos objetivos está alinhado ao sonho; sim, porque o sonho deve ser alimentado e quando você o formulou ele certamente lhe trouxe um ou alguns problemas para serem solucionados.

Não está em discussão aqui se eles serão bons ou ruins, importantes ou não. O que está em discussão é que eles são os parametrizadores do objetivo.

Com o problema identificado, você pode compor o objetivo com mais clareza, visto que já tem uma missão, uma visão, crenças, uma ou duas estratégias para atingi-lo.

Assim, a definição do problema (ou dos problemas) o ajudará a alcançar seu objetivo pessoal ou empresarial com mais facilidade.

Os problemas estão relacionados à grande pergunta para a solução.

Por exemplo: imagine que você colocou como problema o emagrecimento. Dessa forma, seu problema será emagrecer.

Na minha concepção da construção de objetivos e metas atingíveis, isso está relacionado a uma meta, não a um objetivo.

Sim, porque o objetivo deve ser algo maior, com mais pujança e relevância. A grande pergunta, a seguir, deve ser: Emagrecer para quê?

Então, algumas respostas possíveis seriam: para levar uma vida melhor, melhorar meu desempenho, ter uma qualidade de vida melhor, etc.

O fato é que você perceberá que o problema se tornará mais complexo. De acordo com o exemplo, suponha que queira emagrecer para melhorar sua qualidade de vida, o que leva à conclusão de que ela está ruim. Suponha!

Faz sentido essa forma de pensar, para você?

Por enquanto, façamos uma pausa para seguirmos com outra reflexão. Esse método serve para as organizações, também. Veja:

O seu problema é melhorar a margem de lucro, por exemplo. Nesse caso, a grande pergunta que você tem que fazer é: Para que melhorar a margem de lucro? E não: Por que melhorar a margem de lucro?

Quando se faz a pergunta: Para quê? Ela o leva ao futuro e às boas respostas. Quando se faz a pergunta: Por quê?__ Ela o leva ao passado e às desculpas.

Pessoas ou times que estão engajados têm foco em soluções e não em problemas. Identificar os problemas é somente uma forma de saber o que se tem a fazer. Depois, é ação pura! (Claudio Zanutim)

Dessa forma, então, você pode chegar à principal pergunta: Para que eu preciso melhorar minha margem de lucro?

Novamente, algumas respostas surgiriam: para melhorar a capacidade de investimentos da empresa e conquistar maiores dividendos em termos de lucro para os sócios e acionistas. Entendeu?

O problema é sempre maior do que nos parece. Portanto, quanto melhor for a definição do problema, mais honestos e justos serão os objetivos e, por conseguinte, maior a probabilidade de as metas e submetas serem atingíveis.

Definir os problemas e encontrar os atributos é extremamente importante para atingir os objetivos.

ESTRATÉGIA
MISSÃO
VISÃO
VALORES

PROBLEMA   **ATRIBUTO**

Eu quero ressaltar três observações importantes sobre atributos para esclarecer qualquer dúvida que você tenha sobre eles durante a construção de seu objetivo. Uma delas é a definição do dicionário Aurélio:

Atributo: o que é próprio, particular. Exemplo: a palavra é um atributo do Homem.

Símbolo, emblema distintivo. Exemplo: o gládio e a balança são os atributos da Justiça.

Filosofia, qualidade de uma substância. Exemplo: segundo Spinoza, pensamento e extensão são os atributos de Deus.

Outras duas são as seguintes:

- Os atributos dizem respeito às competências individuais, no caso de objetivos pessoais. No caso de objetivos corporativos, os atributos dizem respeito às competências da empresa.

- Os atributos dizem respeito às incompetências individuais, no caso de objetivos pessoais. No caso de objetivos corporativos, dizem respeito às incompetências da empresa.

Isso quer dizer que, durante a construção dessa parte, você deve se atentar às competências e incompetências para resolver os problemas encontrados.

Utilizar a matriz de recursos (os quadros), nessa hora, pode ajudar muito.

Definir as características de seu objetivo também é importante, pois traz a sensação de que ele é seu ou da companhia. Ajuda a dar direção.

O objetivo é definido como a solução do problema (ou dos problemas) que foi identificado.

Um objetivo nasce de um sonho que produz alguns problemas que precisam de solução, então se tem uma definição de metas e submetas que são geridas por intermédio de indicadores que geram um objetivo final atingível e realista.

Mas a grande questão com tal definição é que esta é muito geral; não é fácil definir quando tal objetivo ou tal meta serão atingidos.

Por isso, durante a construção de objetivos e metas atingíveis deve ser feita uma distinção clara entre "meta" e "objetivo".

As metas são derivadas de um objetivo e compostas por submetas; elas possuem as mesmas intenções que o objetivo, porém são mais específicas, podem ser quantificadas e verificadas.

Quanto ao objetivo, depende de todas as metas e submetas para ser alcançado. Além disso, deve estar alinhado à missão, visão, crenças e estratégia, tanto no âmbito individual quanto corporativo.

Voltemos aos problemas.

Digamos que o problema identificado pelos membros de uma comunidade seja o seguinte: falta de água potável.

Pode até ser que você identifique como pequeno esse problema, pois você pode chegar à conclusão que o objetivo construído por essa comunidade seja **manter uma vida saudável por intermédio de água limpa e potável.**

Mas quero convidá-lo a dar uma paradinha aqui para refletir um pouco. Então, vamos assumir esse problema como exemplo, ok?

A solução para ele, o objetivo, portanto, poderia ser: **"fazer chegar água potável para a comunidade".**

Seria possível demonstrar para a comunidade em questão que o referido objetivo está meio vago (indefinido), simplesmente saindo da sala e voltando com um único copo de água: "Ok, aqui está um pouco de água". "Chegou água para a comunidade". Mas o projeto ficaria completo?

O objetivo seria atingido?

As pessoas iriam rir ou dizer que a real necessidade não é apenas um copo de água limpa, mas sim água suficiente para a comunidade. A sua resposta deveria ser, na verdade, que o desenho do projeto ou da proposta deve ser bastante específico em relação a cada objetivo, de modo que não haja lugar para interpretações diferentes.

Deu para compreender um pouco melhor a seriedade da definição clara dos problemas e a boa construção de um objetivo?

Você deve entender que todos os envolvidos com o objetivo declarado precisam entender muito bem tal declaração para que não haja falhas na interpretação e, consequentemente, o fracasso no atingimento do objetivo.

Agora que compreendeu o que são os problemas e também sobre definição dos caminhos para construção dos objetivos, falarei um pouco sobre metas.

Como o assunto é atributo, ou seja, desde características até competências e incompetências disponíveis para atingimento do objetivo, podemos falar sobre o acrônimo SMART:

ESPECÍFICO
MENSURÁVEL
ALCANÇÁVEL
REALÍSTICO
TEMPO

Na construção de objetivos e metas atingíveis, a utilização do acrônimo SMART é usado como um "checklist" na verificação da qualidade do objetivo e da possibilidade de alcance das metas.

No item mensurações, mais adiante, você verá que é preciso definir a forma de se atingir um objetivo, então o SMART é muito útil. Você deve se assegurar que cada objetivo comece com a palavra "Para".

As metas devem derivar e ter coerência com a intenção do objetivo identificado ou construído.

Assim, os objetivos e as metas devem ser SMART:

eSpecíficos: claros em relação a quando e como a situação deverá mudar.

Mensuráveis: capazes de identificar alvos e benefícios.

Atingíveis: capazes de realizar seus objetivos e, também, serem possíveis (com base no conhecimento dos recursos e capacitação à disposição da comunidade, serão mais realistas);

Realísticos: capazes de obter o nível de mudança refletido no objetivo e ligado ao **Tempo**, pois deve ser predefinido o período no qual os objetivos e as metas serão alcançados.

Nesta hora da elaboração do objetivo, também é importante atentar na construção de padrões. Mas, você deve estar se perguntando: como assim?

Tal construção consiste na definição de padrões de manutenção elaborados para os objetivos; eles podem tanto estar nas metas quanto nas submetas.

Os padrões definem regras, modelos, tipos e recursos que serão acompanhados e mantidos durante o alcance do objetivo.

Mais adiante, você verá exemplos de padrões que podem ser definidos durante construção de um objetivo.

Metas

"As metas devem compor a parte quantitativa dos objetivos."
Zanutim.

"Os grandes espíritos têm metas. Os outros apenas desejos."
Washington Irving

Como aumentar a determinação para alcançar um objetivo?

- *Definindo metas e submetas de forma particiativa;*
- *Criando metas e submetas razoáveis;*
- *Tornando as metas e as submetas públicas;*
- *Obtendo apoio da alta administração (Corporativa);*
- *Obtendo apoio das pessoas ao redor (Pessoal).*

O compromisso com as metas é determinante para o alcance de um objetivo, sucesso que não é "automático". Dessa forma, no âmbito corporativo, gerentes e colaboradores também devem se comprometer no alcance e na gestão constante dos indicadores que irão compor as metas e submetas.

Colaboração também é fundamental.

Veja o que disse, certa vez, Carlos Brito, presidente mundial da AB InBev, em um depoimento registrado pela revista Exame:

> Colocamos um sonho lá na frente e, a cada três anos, nós o traduzimos em metas para o período vigente. Nosso sonho é ser a melhor empresa de bebidas do mundo juntando as pessoas para um mundo melhor. A cada três anos, estabelecemos metas para chegarmos mais perto de nosso objetivo. Com base nesse "horizonte", fazemos o deslocamento das metas para cada ano, mas sempre com foco na visão de três anos.

Estabelecer sonhos e metas é arte e ciência, ao mesmo tempo. É preciso conhecer o negócio para criar metas esticadas, mas, também, atingíveis.

> *"Se a opção for só pelas atingíveis, nunca será construída uma empresa bacana."*

Como os gerentes podem viabilizar o comprometimento com o objetivo?

Uma abordagem mais popular é a de estabelecer metas de forma participativa. Em vez de atribuí-las aos colaboradores, como, por exemplo: João, você terá até a terça-feira da semana que vem para redesenhar o condensador flexível que fará a produção aumentar em 10% – os gestores e colaboradores as determinam em conjunto, visto que é uma forma de estabelecimento de metas realistas.

Outra técnica para obtenção de comprometimento com metas é torná-las públicas: quando a alta gerência comunica, de forma assertiva, as metas para todos os colaboradores, tende a conseguir maior engajamento.

A alta gerência pode, dessa forma, demonstrar apoio a um plano ou programa ao falar publicamente sobre ele, participar dele ou fornecer fundos para ele.

Todos os conceitos abordados acima também podem e devem, de maneira lúdica, ser considerados em casos de criação de metas pessoais.

Você já tem a missão, a visão, as crenças, o atributo (que é a pergunta-chave de seu objetivo) e o problema.

Acredito que já evoluiu muito e trabalhou bastante, duas coisas que eu desejo e pelas quais espero.

Portanto, não desanime, pois a perseverança é um "combustível" para os objetivos e metas; persistência é uma das palavras-chave para a conquista dos objetivos.

Vamos, então, para a construção das metas?

"É preciso impor a si algumas metas para que se tenha a coragem de alcançá-las."
Benito Mussolini

ESTRATÉGIA
MISSÃO
VISÃO
VALORES

PROBLEMA | ATRIBUTO

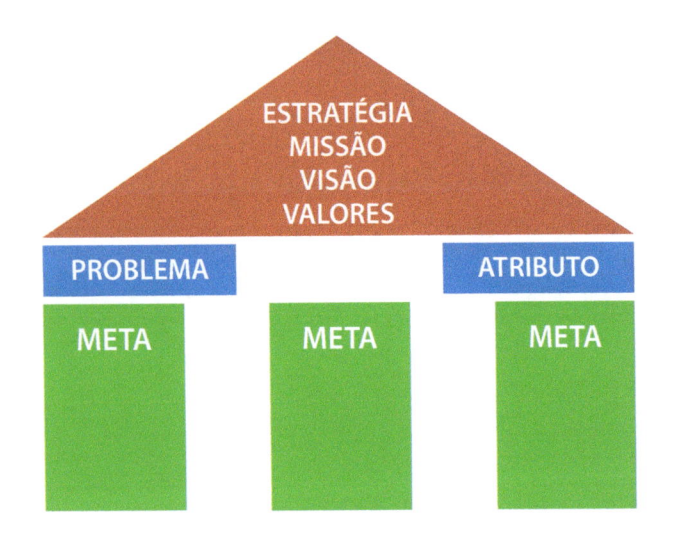

META | META | META

Vicente Falconi diz, em seu livro, "O Verdadeiro Poder", que nós falhamos por quatro motivos essenciais: não colocamos as metas certas ou não sabemos definir nossos problemas de forma correta, não construímos bons planos de ações (porque desconhecemos os métodos ou porque não temos acesso às informações corretas), não executamos completamente e a tempo os planos de ação, e, por último, porque algumas circunstâncias podem fugir do nosso controle.

Vou dar um exemplo pessoal que julgo elucidativo: tenho objetivos desenhados. Sim, pois é possível ter mais de um objetivo ao mesmo tempo.

Um deles se refere à área acadêmica: quero continuar a me especializar para melhorar cada vez mais minha formação. Esse objetivo está alinhado à minha missão, visão e crenças, bem como à minha estratégia de vida. Além disso, responde a um objetivo que considero macro.

Só para que você tenha uma noção, esse objetivo tem a ver com o meu Doutorado (que durará até os meus 49 anos; hoje, estou com 45) que me proporcionará lecionar em Harvard, um dia.

Deixe-me compartilhar um fato com você: no ano 2010, eu ingressaria no Mestrado (o que seria uma resposta a uma meta, portanto, tinha tempo para ocorrer), contudo, passei momentos bem complicados no período, porque minha sogra, meu sogro e meu pai estavam no hospital, sofrendo em virtude do câncer.

Conforme meu objetivo determinado e minha meta definida era para eu concluir o curso em dois anos.

Todavia, devido às circunstâncias incontroláveis, os três faleceram durante meu curso. Óbvio que minha família e eu sofremos grande abalo.

Além disto, só para complicar mais um pouco, na época minha orientadora foi despedida da UMESP logo após minha qualificação.

Meu passo posterior foi definir outro orientador. Resultado: ele me mandou refazer o trabalho, visto que, segundo sua opinião, eu não seria aprovado pela banca com a primeira versão.

Eu lhe contei isso por dois motivos importantes: o primeiro é para ressaltar que acontecimentos incontroláveis impactam diretamente nossos objetivos e metas e, por isso, temos a obrigação de gerenciá-los da melhor forma possível. Até porque não temos e nem teremos controle sobre variáveis macros; nem nós, nem as empresas.

O segundo tem intenção de ressaltar o foco na meta e no objetivo, porque, apesar de tantos desafios e dores, não me desviei do caminho, apenas precisei de um semestre, tempo e dinheiro a mais para concluir o que me propus a fazer: terminar o mestrado.

Em resumo: compartilhei com você para que tenha nítida noção de que objetivo declarado e metas em mente têm o poder de fazer com que você persista em seus sonhos.

Ivan Misner, que é fundador chefe do BNI (Business Network International), maior e melhor na gestão de rede de network do mundo, certa vez escreveu, em um de seus livros, que os objetivos devem ser anotados. As pessoas e as empresas relutam em escrevê-los, pois o seu temor é não alcançá-los, porém isso não deve ser preocupante.

É sabido que só o ato de registrar algo por escrito aumenta significativamente a possibilidade de realização. Conforme disse, anteriormente, esse aumento é de cerca de 67%.

Mesmo que exista necessidade de alterar os prazos de suas metas, é muito melhor ter objetivos por escrito que não ter quaisquer objetivos. Afinal, como você poderá tentar ajustar algo que nem ao menos criou?

O maior perigo para muitos de nós não está em uma meta ambiciosa demais, mas no fato de ela ser tão pequena que seja fácil alcançá-la. (Michelangelo)

O momento para inserção de metas é muito importante. Assim, quanto mais cautela, melhor.

Existem três estágios das metas, que valem tanto para o âmbito pessoal quanto para o corporativo: o primeiro é aquele em que há definição das metas a serem atingidas; nesse estágio, você deve reconhecer o que está "em jogo", o que você realmente deseja transformar em metas; é o estágio das metas de valores mínimos.

O segundo estágio é formado por metas um pouco maiores e que trazem satisfação logo após serem atingidas; são as metas satisfatórias.

Por último, e não menos importante, existe o estágio no qual você pode desenhar, descrever e inserir as metas que estão fora da zona de conforto: são aquelas que você acredita serem impossíveis de alcançar; são as metas desafiadoras, mas viáveis.

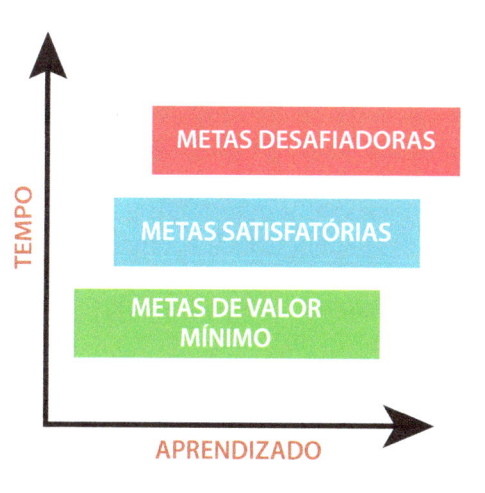

Com o passar do tempo e com a capacidade de aprender que vai se desenvolvendo. Praticando a construção das metas e utilizando o Canvas, vai-se colocando ou estabelecendo metas mais pujantes.

Nenhum é melhor ou pior, a diferença está no fato de que existe apenas um estágio no qual você pode, realmente, colocar suas ideias em prática. Todas as metas são importantes e devem compor um objetivo atingível. O alcance dependerá do tamanho do cálculo dos desafios e das equipes responsáveis. Lembra-se da matriz de recursos, (os quadros)?

As metas e objetivos a alcançar devem ser do tamanho dos recursos disponíveis otimizados. Ou seja, a definição de metas, o primeiro estágio, deve estar alinhado à capacidade de recursos e sua otimização, porque é possível fazer muito mais com menos, desde que haja organização e melhor distribuição possível.

Por essa e outras razões é que fico constantemente "batendo na tecla" da boa técnica construção de objetivos e metas.

Costumo dizer que a maior preocupação não é a busca constante pela perfeição, mas a compreensão do funcionamento do processo e aprendizagem referente ao gerenciamento do método, da matriz e do Canvas; esse aprendizado já representa, na verdade, uma mudança central enorme.

Faz-se importante que você perceba a necessidade da execução como o grande diferencial no momento de atingir ou não os objetivos e as metas. Existe uma geração atual, conhecida como mi-mi-mi, que tem grandes ideias, mas, pouca capacidade de execução. Tão importante quanto construir o objetivo e as metas é colocar o plano no ar.

Deve ter percebido que existe uma preocupação com a quantidade de metas que compõem um objetivo; basta observar a casinha (Matriz de Objetivos) e verá que há nela três metas e três submetas.

Não deve haver mais de três para que o "salto" não seja tão alto que torne o objetivo impossível de ser atingido.

Colocar metas muito desafiadoras logo na saída, ou seja, no terceiro estágio, pode gerar desconfiança, e se isso acontece surge dificuldade de retomada do processo e também da confiança da equipe.

A desconfiança por parte da equipe, no ambiente corporativo, gera descrédito pessoal, porque o time passa a não acreditar no líder como um bom formulador de objetivos e determinador de metas. Consequentemente, a má imagem quase sempre leva ao desânimo e ao fracasso no atingimento.

No âmbito dos objetivos pessoais, não é diferente: quanto mais mal desenhado for seu objetivo e a definição de suas metas, maior será seu desânimo e probabilidade de desistência.

Note que os grandes problemas em relação aos objetivos e metas não são da equipe ou do objetivo, tampouco seus. Eles são, sim, a má análise dos recursos, dos ambientes e a construção equivocada do objetivo pelo gestor ou pela pessoa.

Portanto, tenha muito carinho ao definir as metas e sua quantidade para cada objetivo.

Lembre-se: quanto mais metas, mais submetas e mais indicadores gerenciais para administrar.

Submetas

"Quanto mais um homem se aproxima de suas metas, tanto mais crescem as dificuldades".
Johann Goethe

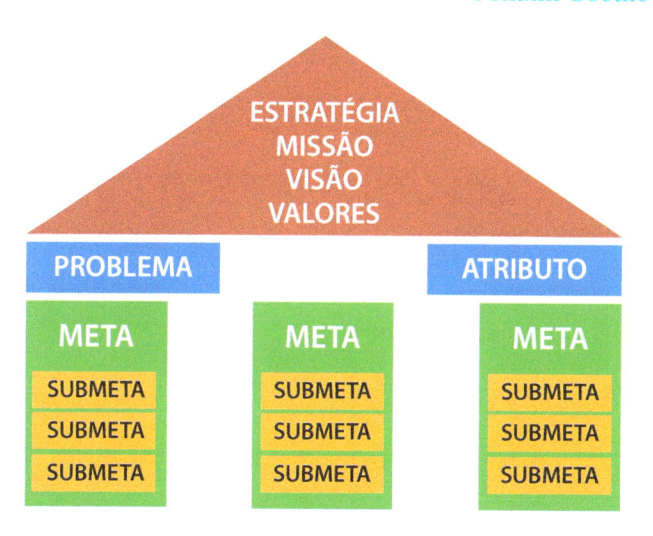

Uma História (Arnaldo Vicente, Esp. TC.) Extraído de: http://ctcbauruterapia-cognitivaparapacientes.blogspot.com.br/2010/03/importancia-da-lista-de-problemas-metas.html

A criação de submetas é tão importante para o atingimento das metas quanto a criação de metas para o alcance do objetivo.

Devem-se analisar as metas para determinar as submetas. As submetas recebem métricas, o que será visto mais adiante.

Pode ser um pouco complexo elaborar medidas diretas para metas, tanto para as simples como para as mais complexas, ou até as de nível alto. Depende do estágio no qual você trabalha.

Nesse contexto, é necessário decompor metas de quaisquer tipos em submetas mais simples; em conjunto é que contribuem para atingir as metas.

A profundidade da decomposição, em minha opinião, deve se limitar a três submetas para cada meta, no máximo. O objetivo disso é igualmente limitar o volume de dados e informações que você terá que gerenciar durante a caminhada em busca de seus objetivos ou objetivo; é o mesmo raciocínio da construção e determinação das metas.

Outro fator importante, nesse processo, é a certificação de que, com o acompanhamento e controle das submetas, você esteja realmente contribuindo para a compreensão do progresso em relação à meta de qualquer estágio, em busca de seu objetivo.

A importância da Lista de Problemas, Metas e Submetas para o sucesso da Terapia.

Quando você buscou iniciar um processo terapêutico o que tinha em mente? Provavelmente ser beneficiado em algum aspecto de sua vida onde percebesse que seus resultados, até então, não estavam satisfatórios? Ou talvez, por estar inseguro do que poderia ocorrer em sua vida caso continuasse sem alcançar seus objetivos. A maioria dos pacientes revela que tem uma finalidade que o motivou a buscar a terapia, mesmo os chamados "forçados". Os forçados sempre revelam que foi um argumento seu que lhes permitiu estarem presentes na terapia.

Quando temos uma necessidade, uma dificuldade, um desafio, enfim algo que queremos, mas ainda não conseguimos alcançar, podemos dizer, na terapia cognitiva (TC), que temos um "problema".

Este problema poderá ser resolvido ou não, mas de um modo que venha a atender as suas expectativas viáveis; em TC, chamamos este modo de meta a ser alcançada.

Também é muito importante que você tenha clareza dos passos a seguir para resolver o problema e alcançar a meta; em TC, chamamos esses passos ou estratégias de submetas; pequenas metas que deverão ser executadas para alcançar a grande meta.

É desta maneira que ficará claro que o paciente acredita que necessita ter uma vida mais saudável, além de saber para quais trabalhos ele se sente motivado em participar durante o processo terapêutico. Para tanto, fazemos avaliações periódicas a cada seis ou oito sessões, a fim de confirmar que estamos no caminho certo ou mesmo redirecionar o nosso trabalho.

Desdobramento das metas - O tempo

É a partir destes passos que você determinará as métricas que permitirão o controle das submetas e das metas.

Submetas, metas e objetivos devem estar atrelados a um prazo para alcance, medida e comparação.

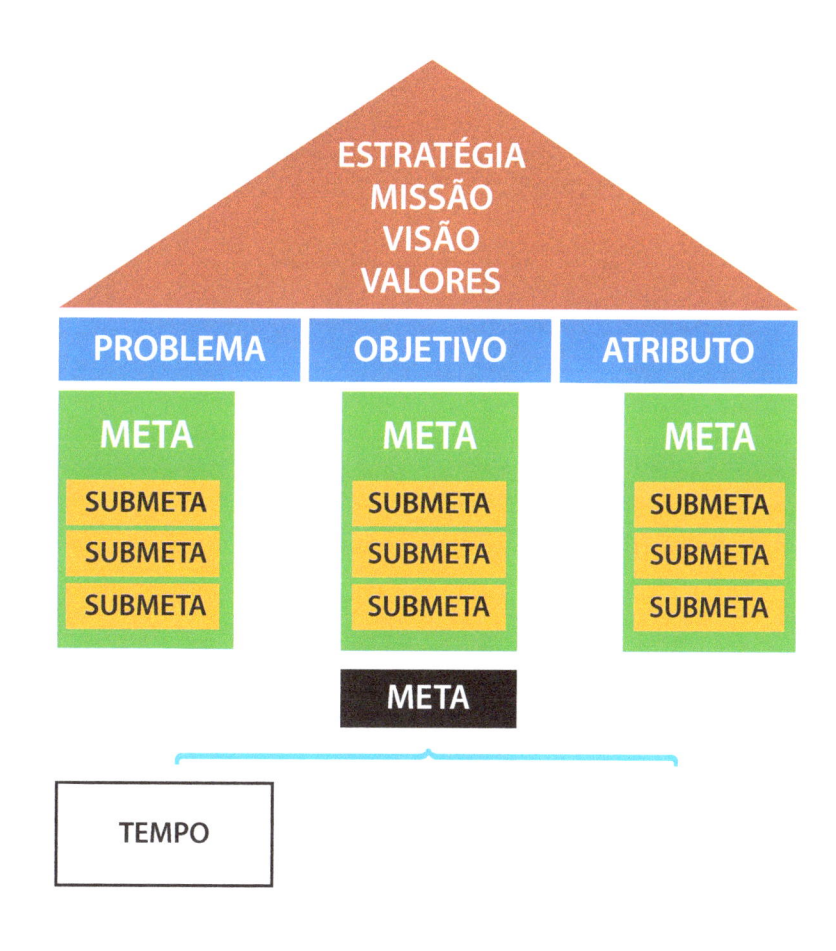

Nesse passo você associará as submetas a alguma entidade ou artefato com atributos ou propriedades mensuráveis; você deve determinar as medições básicas das quais as métricas serão obtidas.

Prefira métricas objetivas e fáceis de quantificar. Meu conselho é que você inicie determinando os tempos/prazos para a execução de cada submeta e de cada meta. Lembre-se que, além de escasso, o recurso tempo é o único irrecuperável.

Sendo assim, a determinação dos prazos e tempos para cada meta e submeta deve despender um esforço extra, pois é esse esforço que permitirá o alcance de cada uma.

Nessa parte da matriz, você será capaz de avaliar até mesmo se o desenhado fará sentido em relação ao tempo disponível traçado para cada meta e submeta.

Particularmente, acredito que essa seja uma das mais importantes partes na construção dos objetivos, visto que se trata de um recurso que não pode ser resgatado, acumulado, etc.

http://www.claudiozanutim.com.br/objetivosemetas/materiais-de-apoio/

Como estou aqui para ajudá-lo, ao acessar o link acima você poderá fazer o download de uma planilha de administração do tempo gratuitamente. A senha é: claudiozanutim

Qualquer problema que tenha ao fazer o download da planilha basta me enviar um e-mail: claudio@claudiozanutim.com.br e eu mesmo enviarei a planilha, com muito prazer.

Ela servirá a você como apoio para que entenda a sua rotina e organize melhor o tempo para suas submetas, metas e objetivos. É uma ferramenta de gerenciamento e de medição.

Como as empresas são formadas por pessoas, essa planilha também pode ser utilizada no ambiente organizacional. Para isso, o desafio é transformar seu uso pessoal para o dia a dia empresarial, com equipes ou departamentos. Basta que sejam feitos os ajustes.

Desdobramento das metas – forma/padrão

A forma em modelo de indicador deve ser construída de tal maneira que você consiga gerenciar os processos e o andamento do objetivo.

Chamo de andamento do objetivo o cumprimento das metas e das submetas.

"Padrão, na arquitetura, é a ideia de capturar ideias de design arquitetônico como descrições e arquetípicas e reutilizáveis."

Christopher Alexander

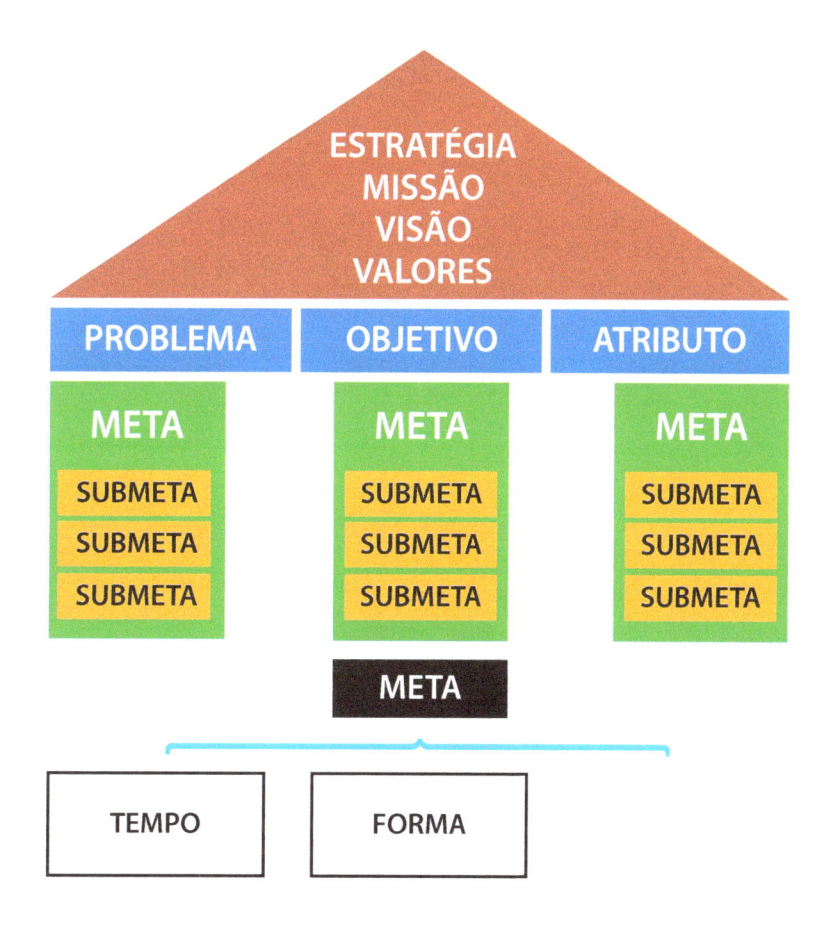

No item – Objetivo Declarado – que está mais à frente você poderá assistir ao vídeo que gravei como exemplo, perceberá claramente o que é a forma como indicador.

Naquele objetivo declarado, chegar sem avarias e em segurança foi uma forma de acompanhar o objetivo.

Outra forma foi o veículo utilizado: a bicicleta no cumprimento do objetivo.

Você pode estar se perguntando: "Eu posso mesmo alterar a forma durante o processo de cumprimento do objetivo?".

Sim, pode! Mas, é claro, sem se esquecer das variáveis ambientais que comentei no capítulo 1.

Dessa forma, dependendo das condições do ambiente, você terá que fazer ajustes. Por isso a nomenclatura indicador.

Ele tem a função de indicar se suas submetas e metas estão lhe direcionado para o atingimento de seu objetivo.

O mais importante é que você consiga identificar a necessidade de ajustes em submetas, pois é sempre mais rápido, prático e barato ajustá-las, o que, além disso, proporciona a possibilidade de correção do caminho das metas o mais breve possível, de modo a não comprometer o objetivo.

Mais uma vez, esses caminhos também se aplicam aos objetivos organizacionais ou corporativos.

Desdobramento das metas – Indicadores gerenciais

Estabelecer indicadores gerenciais para as metas não é uma tarefa muito simples: exigirá de você um tempo de reflexão para maturação dos próprios indicadores. Pois, as metas e as submetas são cascateadas.

Pode ser que você altere alguns indicadores durante o caminho de aplicação do objetivo ou dos objetivos, o que, conforme já disse, é perfeitamente normal. Lembra-se que eu disse sobre os objetivos não serem "duros"?

Quis dizer que eles devem ter flexibilidade e seu maior índice está contido nas metas e submetas, principalmente nas submetas, pois respondem diretamente pela parte quantitativa do qualquer objetivo e por terem a maior quantidade de índices que necessitam de ajustes.

As metas e submetas devem funcionar como uma engrenagem, justas, porém com folgas milimétricas para não estourarem. Cabem sempre "pitadas lubrificadoras".

Minha sugestão é que você tenha, no máximo, um indicador gerencial para cada submeta; imagine, por exemplo, que tem nove, contando todas as metas. Muito importante: todos devem estar alinhados aos indicadores das metas.

Caso você necessite de ajustes em um ou outro, não prejudicará o cumprimento do objetivo, ao menos que todos necessitem. Se todos necessitarem, retorne e reavalie todo o processo, porque significa que há algo errado na construção. Caso você tenha que ajustar um indicador para cada meta, serão três ajustes e elas continuarão a sustentar o objetivo, conforme representado de forma lúdica abaixo, no leiaute da casa.

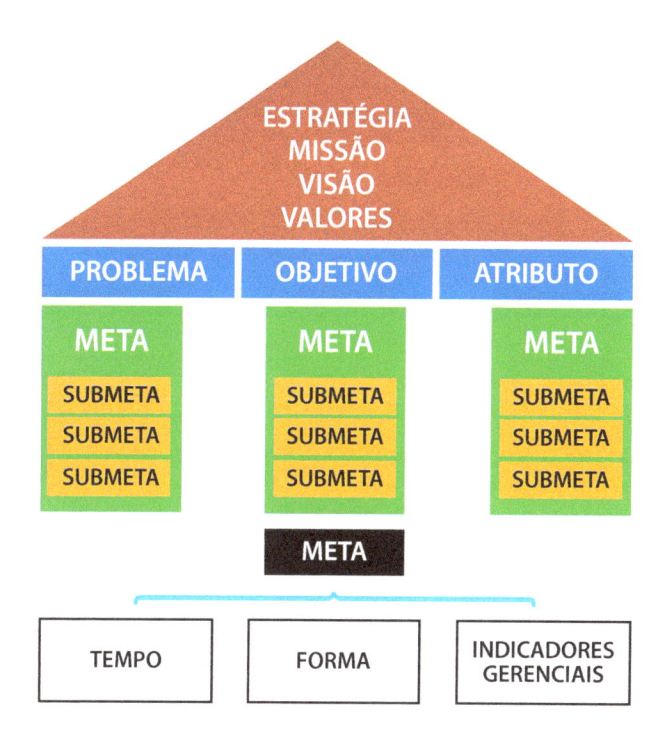

Os indicadores gerenciais devem ser realistas, pois permitem que você os persiga e atinja.

No exemplo do vídeo, que você poderá assistir por intermédio do link (QRCode), perceberá que os poucos e práticos indicadores construídos foram acompanhados e gerenciados dia a dia. Houve ajustes, sim, mas não comprometeram de forma alguma o objetivo final. Lembra-se?

Pode ser que você enfrente algumas dificuldades para criar e medir indicadores organizacionais ou corporativos, até porque existem os níveis de alçadas e os organogramas. Dessa forma, vale pedir ajuda para os chefes/gestores, pares, subordinados, entre outros.

Quanto mais fiel e possível for o indicador, mais fácil para mantê-lo, medi-lo e administrá-lo. E vale ressaltar, que na maioria das vezes, menos é mais.

Objetivo declarado

Na declaração do objetivo se faz necessário inserir as métricas trabalhadas nas submetas e metas, de modo que o objetivo possa ser comparado.

Nesse momento, evitar a subjetividade ao máximo é o correto a fazer. Por exemplo, a frase "aumentar nosso lucro" soa muito melhor da seguinte forma: "aumentar nosso lucro 15% em relação ao ano passado". Tal adequação permite análises muito melhores e comparativas, também.

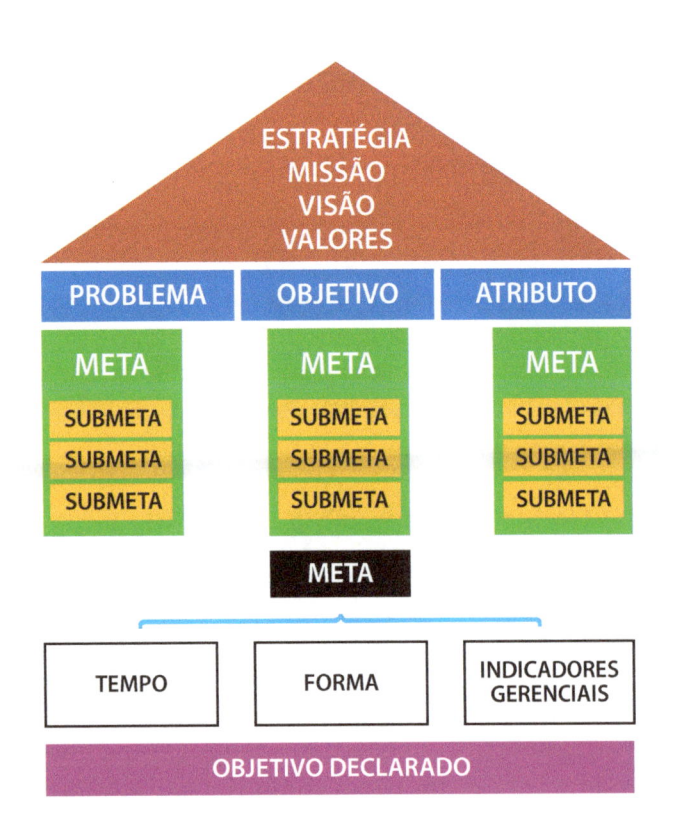

Este é o momento mais esperado, sem dúvida alguma: após tanto esforço e exercício, chegou a hora de escrever o objetivo que ficará disponível para os envolvidos com o negócio, no caso de objetivos corporativos, e o que ficará disponível no caso de objetivos individuais.

Nesse último passo, a declaração de objetivo deve ser clara, eficaz e sucinta.

Você deve escrever de uma forma simples para que todos possam entender e participar do objetivo traçado.

Portanto, imagine que você escreverá, agora, uma declaração que mudará sua vida para sempre e será o seu norteador daqui para frente, tanto organizacional, quanto individual.

Lembre-se que conquistar objetivos não é tarefa que se faz sozinho; assim como sempre haverá pessoas envolvidas e comprometidas, também haverá pessoas contra e que poderão atrapalhar ou até fazê-lo desanimar. Planejar é um ato de amor e de respeito com as pessoas que dependem de você para atingir seus objetivos e metas.

Por meio da declaração clara de seus objetivos, dificilmente você perderá o foco e a direção: um objetivo declarado é 67% mais eficaz e eficiente quando comparado a objetivos não declarados ou escritos; um objetivo deve ser muito mais que uma possibilidade ou uma simples declaração de boas intenções, caso você queira, realmente, atingir os resultados esperados.

A probabilidade de nunca atingir seus objetivos pode estar diretamente ligada ao fato de você não ter um método de construção desses objetivos e pode ser piorada pelo fato de não escrevê-los.

Minha expectativa é que você atinja todos os seus objetivos, mesmo que algumas metas fiquem para trás e/ou algumas submetas sejam comprometidas ou abandonadas. Também espero que tenha sucesso ao atingi-los.

Mesmo que você não atinja algumas submetas, não desistirá do seu objetivo, pois a clareza com a qual o construirá o impedirá. A ferramenta Canvas, nesse contexto, o apoiará, também.

Uma declaração de objetivo bem definida deve contar com a visão geral do Canvas e pode ser construída de várias formas; uma delas respeita uma maneira que contém um tema, um ponto de partida, um resultado esperado, as metas traduzidas em tempo e uma data para atingi-las.

Um objetivo declarado é 67% mais eficaz e eficiente se comparado a objetivos não declarados ou escritos.

EXEMPLO DE DECLARAÇÃO DE OBJETIVO

TEMA SITUAÇÃO NO COMEÇO	Problema: Construir um campus universitário. O estudo de mercado definiu uma grande demanda por mais campus universitários no Vale do Paraíba.
ALVO	Objetivo central do projeto é construir e colocar em operação um campus universitário capaz de atender a demanda que existe na região do Vale do Paraíba.
INÍCIO E TÉRMINO	Projeto terá início em 10 de maio de 2015. Deverá ser concluído em 10 de junho de 2016.
PADRÕES	• As instalações devem atender as todas as normas NBR; • Devem ser construídas 30 salas de aula conforme especificações; • Todas as salas deverão ter sistema de ar-condicionado; • Todas as salas deverão ter projetor e computador; • Os custos não devem ultrapassar 7 milhões de reais.

Fonte: Adaptado de Keeling (2012).

Exemplo de objetivo declarado: Construir e colocar em operação um campus universitário com 30 salas de aula, na região do Vale do Paraíba, no período de 10/05/2015 a 10/06/2016, respeitando todas as normas e com custo máximo de R$ 7 milhões.

Outros exemplos

Starbucks: "No ano fiscal 2006, planejamos abrir 1.800 lojas pelo mundo.".

Walgreens: "O segundo passo é contratar uma boa quantidade de pessoas deficientes para atuar no centro de distribuição, na Carolina do Sul, que deve ser aberto em 2007; aumentar 20% a produtividade por lá.".

UPS: "65% dos motoristas terão acesso à nova tecnologia (implementada em 2004) até o fim de 2005. Em 2005 também vamos aumentar o lucro operacional em cada um dos nossos três negócios-chave: doméstico, internacional e cadeia de abastecimento.".

Martha Stewart Living Omnimedia: "Em 2004, vamos interromper o Catálogo para a Vida e suas opções de produtos online, além de vender os estoques remanescentes no início do ano fiscal 2005.".

Ao lado você verá o link e QRCode , com eles você terá acesso ao vídeo anteriormente comentado que fiz exclusivamente para esclarecer e elucidar indicadores, submetas e metas.

Nele há uma declaração simples, mas não simplória, de um objetivo que servirá como parâmetro para você; tenho certeza que o levará a novas reflexões.

Foi muito desafiador construí-lo.

Vamos ao vídeo?

https://www.youtube.com/watch?v=AOxDX0O_g3Y

O CANVAS
(QUADRO)

Poder tirar sonhos do papel e torná-los realidade em um espaço de tempo determinado.

Em sete etapas e onze passos, aprenda como construir objetivos e metas atingíveis em uma única página.

Esta é o missão deste Canvas.

O Canvas (Quadro)

Para auxiliar na construção de objetivos e metas, criei um Canvas seguidor de um workflow (fluxo de trabalho) que pode ser impresso para apoio, ou, ainda, pode ser desenhado em um grande quadro para iniciar e finalizar os trabalhos de construção.

O primeiro desenho, que antecede o Canvas, já apresentei: é uma ferramenta lúdica que tem muita semelhança com uma casa.

A ferramenta da "casinha", que foi apresentada no início do livro, é um exercício inicial que contém os primeiros passos para reflexão e entendimento da construção dos objetivos e metas a ser seguida. Funciona como um "treino".

O Canvas, por sua vez, é a parte da "mão na massa": trata-se de um material mais "robusto" e mais preciso no auxílio do trabalho de construção; ele pode ser utilizado por uma pessoa ou por uma equipe de trabalho; simples e de fácil entendimento, segue também a ideia da construção de forma lúdica.

PREMISSAS DO CANVAS

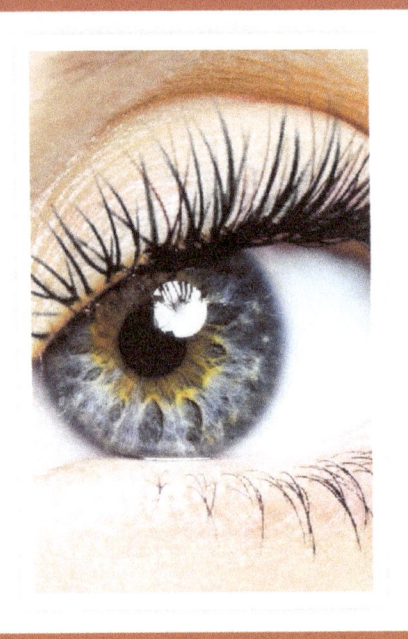

Visual

Visual para auxiliar quanto ao entendimento completo dos trabalhos e proporcionar uma visão geral do Canvas.

Administrar Tempo

Cronograma para fazer com que seja possível medir um dos recursos mais importantes e de alta escassez.

Passo a Passo

Fluxo de Trabalho (WorkFlow) para ser construído passo a passo, sem "atropelamento" de qualquer tipo e com sequência de raciocínio lógico.

Realidade

Realista em toda sua composição para construir uma base sólida que busque o atingimento do objetivo e a redução do impacto de desistência por parte de quem busca.

"Lembre-se que todo objetivo se inicia com um sonho."

Zanutim

A METODOLOGIA

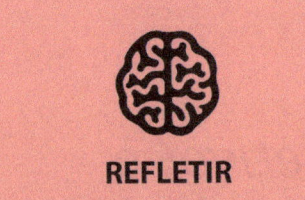

SONHO
TODO OBJETIVO DEVE COMEÇAR COM UM SONHO

REFLETIR
SOMENTE ATRAVÉS DA REFLEXÃO SERÁ POSSÍVEL DEFINIR UM OBJETIVO CONCRETO E RACIONAL

RESOLVER
TRANSFORMAR O SONHO EM REALIDADE, DESENHANDO UM OBJETIVO QUE SEJA ATINGÍVEL E REALISTA

DEFINIR
POR INTERMÉDIO DE METAS, QUE PODEM SER DE 3 A 5 NO MÁXIMO, FORMAR BASE PARA ATINGIR O OBJETIVO

FRAGMENTAR
DIVIDIR AS METAS EM SUBMETAS VIABILIZANDO ASSIM O ALCANCE DO OBJETIVO

MEDIR
CRIAR INDICADORES DE MEDIDA E DE CONTROLE DAS SUBMETAS E METAS

OBJETIVO
ESCREVER E DECLARAR O OBJETIVO, FARÁ COM QUE VOCÊ ASSUMA O COMPROMISSO. ISTO REDUZIRÁ A DESISTÊNCIA

A metodologia

A Primeira etapa da metodologia parece bem simples, mas não é. Ter sonhos é muito bom, mas não é fácil descrever ou escrever um, e ainda persegui-lo. Nesta etapa você deverá definir um sonho, qualquer um e colocá-lo por escrito. Será a partir daí que tudo se iniciará.

Lembre-se que todo objetivo se inicia com um sonho.

Então, na parte superior esquerda você deverá escrever o seu sonho.

A Segunda etapa da metodologia tem a ver com um momento de alta reflexão. Sim, pois a definição das etapas que estão no bloco "REFLETIR" o obrigará a investir um tempo para a reflexão e a escrita declarada nos quatro passos iniciais do workflow.

Caso seja uma empresa, você terá que fazer um exercício de reflexão bem profundo para cumprir os quatro primeiros passos ou poderá se utilizar dos passos que já existem ou estão declarados na companhia, ou seja, já foram definidos e estão expostos. (não pode e não deve ser feito sozinho)

O quero dizer é: se a empresa já tem missão, visão, crenças e estratégia declaradas, caberá a você somente copiar o que já existe e colocar no Canvas.

Não serão necessários momentos de reflexão profundos.

Na Terceira etapa é o momento de esclarecer e descrever os problemas bem como visitar os atributos disponíveis para apoiar na solução dos problemas descritos. Você deve lembrar que durante a colocação dos post-its no Canvas voce tem, necessariamente, que identificar competências e incompetências.

Minha sugestão é que você foque nas competências que são os pontos fortes a sua disposição, tanto pessoal como corporativos. Pessoal porque são os seus pontos fortes e corporativos porque são os pontos fortes da empresa.

Não concentre esforços agora em incompetências, pois são considerados pontos de melhoria e agora não é hora de pensar nisto.

A Quarta etapa é muito importante, não que as outras não sejam, mas esta merece um destaque, pois é nela que iniciaremos as anotações que são quantitativas, pois é agora que se elaboram ou se constroem as metas. Por que gosto de colocar três? Primeiro que gosto do número "mágico" três, ele é agradável e talentoso.

Depois, tem como sua representação simbólica maior, o triângulo e sempre apoiou profissões como a de orador, escritor, ator, pintor, músico, entre outras.

Além disto, em expressões verbais está atrelado à jovialidade, simpatia, positividade, autoexpressão, gosto por aventuras e associa-se à comunicação, à expressão, à expansão, à criatividade e à sociabilidade. O numero três é a expressão, a comunicação, a criação.

É o produto da união de 1 e 2. É a frutificação, a trindade e a multiplicidade. Acho que por isto que gosto dele.

Você pode me perguntar__ Posso definir duas metas? Pode. __ Posso definir uma Meta? Não, não pode. __Posso definir quatro ou cinco metas? Pode sim, mas tenho duas considerações a lhe oferecer.

A 1ª consideração é que quanto mais metas você definir mais submetas terá para acompanhar e mais indicadores terá que criar e acompanhar.

Note que aumenta a complexidade e você poderá desistir com mais facilidade de seu objetivo ao longo da jornada.

A 2ª consideração é que você terá que fazer outro Canvas para você com mais metas e submetas e indicadores. Portanto, mais tempo e trabalho.

A Quinta Etapa é a definição das submetas. A fragmentação ou cascateamento das metas lhe ajudará na visão mais profunda e mais metódica das metas e de seu gerenciamento.

Fazendo esta fragmentação também será mais fácil criar indicadores de medida, da forma/padrão e do tempo.

A Sexta Etapa é a criação dos indicadores. Não existem indicadores padronizados que eu possa lhe oferecer; você mesmo terá que criá-los ou desenvolvê-los. Nos exemplos 1 e 2 você verá alguns que eu criei exclusivamente. Creio que isto lhe dará alguns insights.

Na última e não menos importante Etapa, pelo contrário, uma das mais importantes, está a declaração do objetivo.

Esta declaração deve ser clara e comunicar o objetivo de forma a que todos possam entender rapidamente, sem muita ou sem nenhuma explicação do criador.

Esta comunicação deve fazer com as pessoas ou os colaboradores sintam-se engajados a buscar o objetivo e comprometidos até o final.

Também deve ser bem possível, desafiador sim, mas bem possível.

Em objetivos corporativos, quanto mais as pessoas perceberem que foi feito um grande exercício para construção dos objetivos e que a metas são claras, viáveis e desafiadoras, mais os colaboradores confiarão no criador do objetivo e com o passar do tempo mais confiança será gerada, fazendo com que a capacidade das equipes em atingir os objetivos traçados se amplifique consideravelmente.

Nesta parte do Canvas quero que você perceba que a metodologia foi pensada se valendo de algumas questões importantes para construção de objetivos.

Estas perguntas são essenciais para toda a reflexão durante o passo a passo do trabalho.

Com isto em mente, durante os trabalhos, os pensamentos escritos nos post-its para ocupar cada etapa do Canvas, bem como cada passo dele, serão bem mais confortáveis. Continua não sendo simples, mas será mais prático e fará mais sentido.

> *"As metas devem compor a parte quantitativa dos objetivos."*
> Zanutim

QUESTÕES BÁSICAS

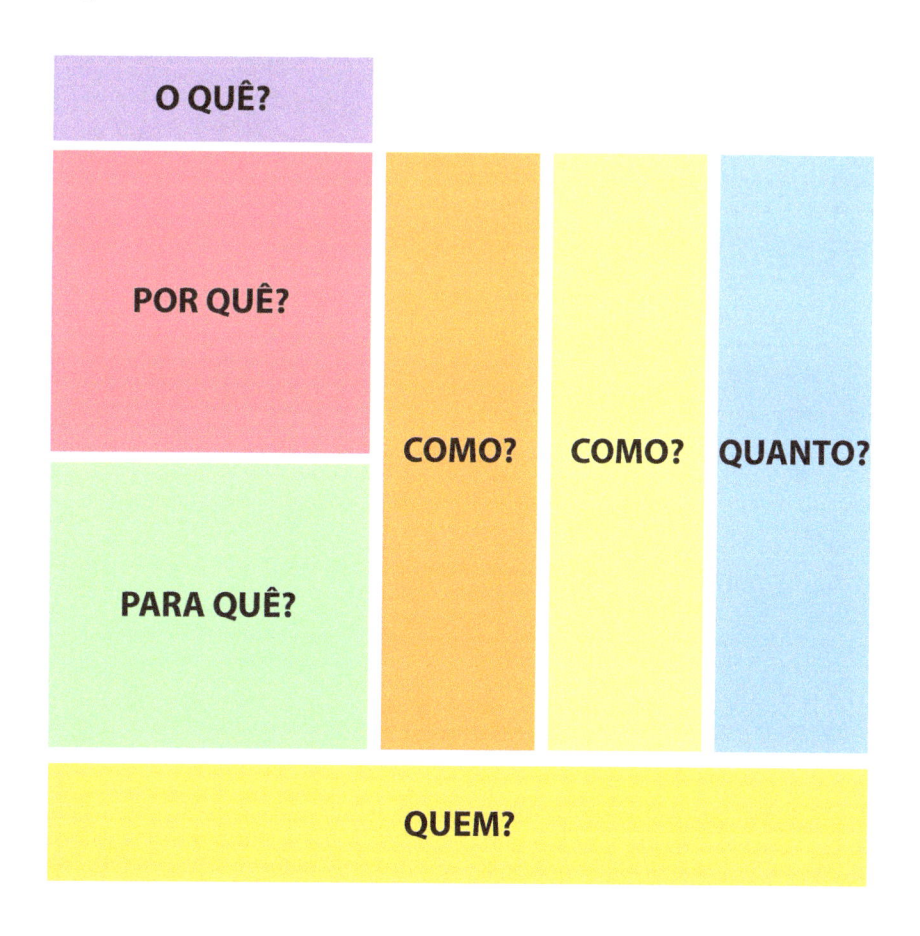

- O QUÊ?
- POR QUÊ?
- PARA QUÊ?
- COMO?
- COMO?
- QUANTO?
- QUEM?

O CANVAS

SONHO

MISSÃO

VISÃO

CRENÇAS

PROBLEMA
?

ESTRATÉGIA

ATRIBUTOS
?

METAS

METAS

METAS

SUBMETAS

SUBMETAS

SUBMETAS

SUBMETAS

SUBMETAS

SUBMETAS

SUBMETAS

SUBMETAS

SUBMETAS

INDICADORES

INDICADORES

INDICADORES

OBJETIVOS

DIVIDINDO EM ÁREAS PARA FACILITAR O ENTENDIMENTO

SONHO
- SONHO

REFLETIR
- MISSÃO
- ESTRATÉGIA
- VISÃO
- CRENÇAS

RESOLVER
- PROBLEMA
- ATRIBUTOS

DEFINIR
- METAS
- METAS
- METAS

FRAGMENTAR
- SUBMETAS (x9)

MEDIR
- INDICADORES (x3)

OBJETIVO
- OBJETIVOS

| SONHO | REFLETIR | RESOLVER | DEFINIR | FRAGMENTAR | MEDIR | OBJETIVO |

Cada cor e ícone delimita uma área e sua respectiva ação para montar o Canvas

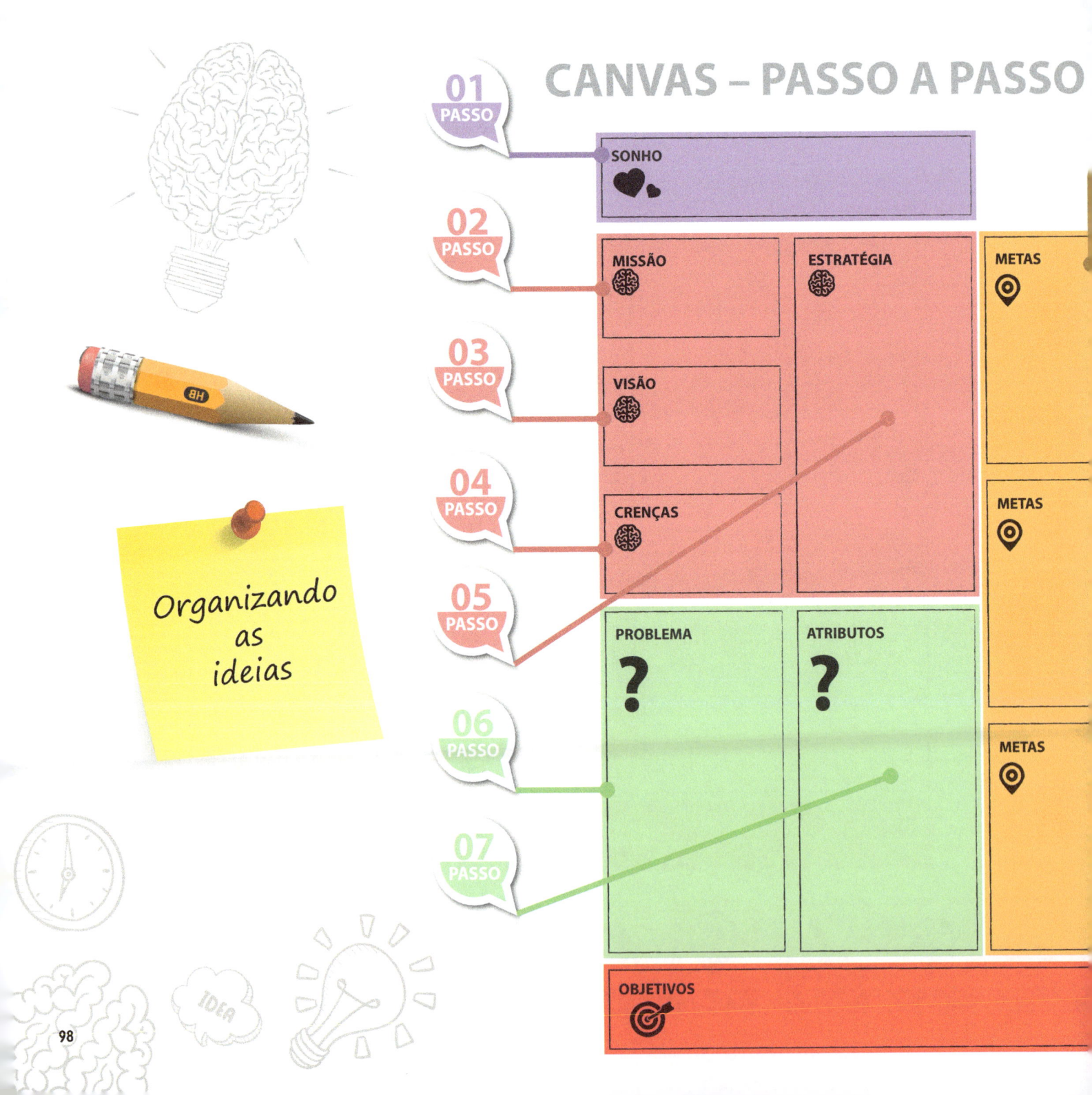

CANVAS – PASSO A PASSO

Organizando as ideias

- **01 PASSO** — SONHO
- **02 PASSO** — MISSÃO
- **03 PASSO** — VISÃO
- **04 PASSO** — CRENÇAS
- **05 PASSO** — PROBLEMA / ATRIBUTOS
- **06 PASSO** —
- **07 PASSO** —

ESTRATÉGIA

METAS

METAS

METAS

OBJETIVOS

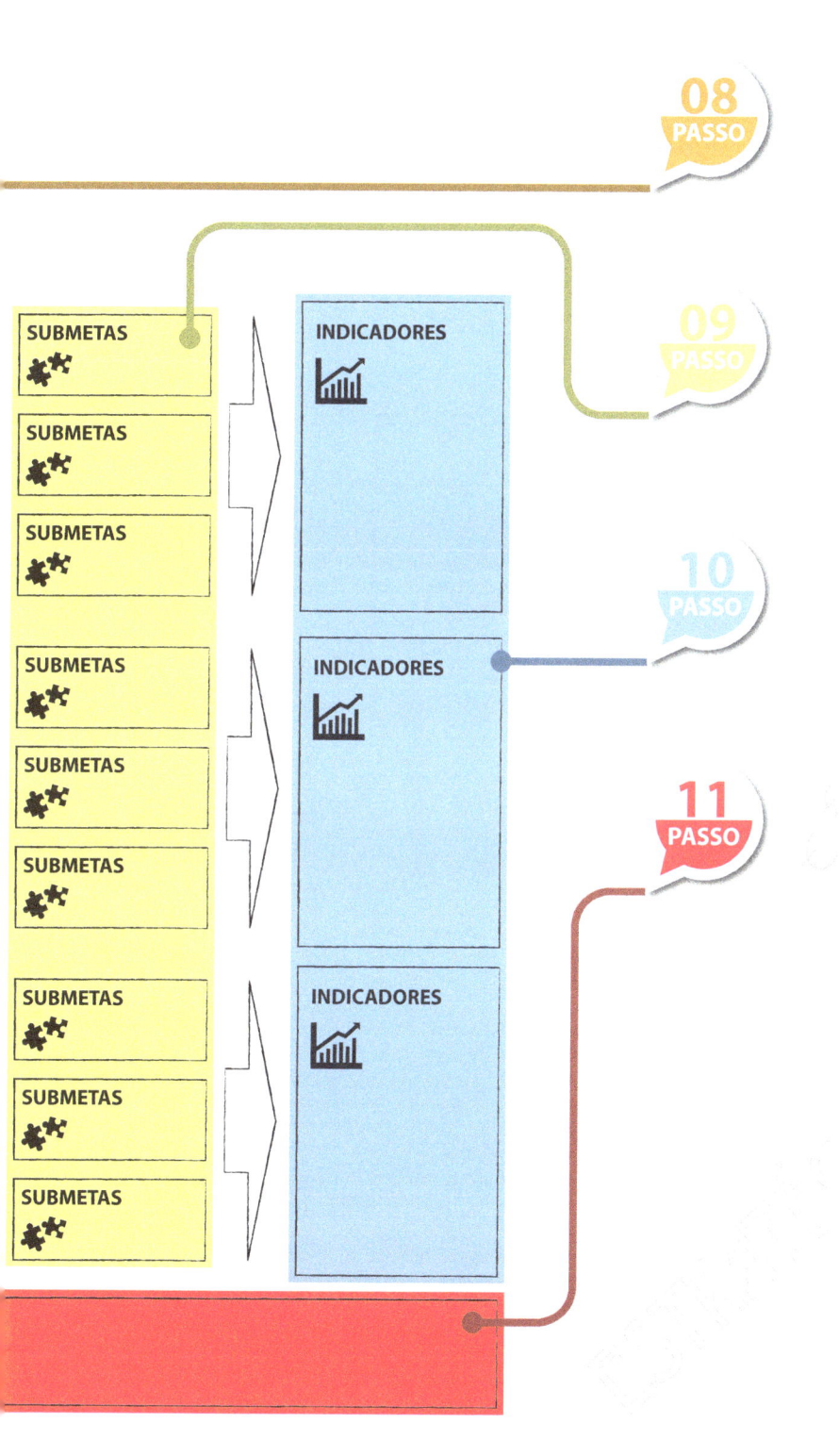

08 PASSO

09 PASSO

10 PASSO

11 PASSO

SUBMETAS → INDICADORES

Visualizando o todo

99

PASSO A PASSO PELO CANVAS

SONHO
Você pode notar que o sonho é o grande "O QUÊ" em questão?

MISSÃO
Na etapa das reflexões você verá a necessidade de descrever e escrever a declaração de missão sua ou da empresa. Para quem já tem a declaração, não há necessidade de gastar tempo e energia neste passo. Só se você quiser refletir sobre alterações que faria, por causa dos conhecimentos compartilhados neste livro e no Canvas. Fique à vontade.

Caso já tenha é só escrever o post-it e seguir em frente.

Para aqueles que iniciam agora e não tem a declaração eu quero sugerir alguns pontos importantes para levar-se em conta na reflexão e na declaração.

A missão tem algumas características mínimas esperadas, tais como a capacidade de identificar o negócio ou a pessoa.

Ela é o grande ponto de partida, como se fosse a "carteira de identidade da empresa" ou para missão pessoal a sua identificação, seu RG. Pois é ela que identifica quem somos, e tem, necessariamente, o foco do presente para o futuro e se traduz em vocações para a eternidade.

A missão é o chamado, é a razão de existir de uma pessoa ou de uma empresa, é nela que se diz para que se veio.

VISÃO
Na etapa das reflexões você verá a necessidade de colocar a declaração de visão, sua ou da empresa.

Para quem já tem a declaração, não há necessidade de gastar tempo e energia neste passo. Só se você quiser refletir sobre alterações que faria, por causa dos conhecimentos compartilhados neste livro e no Canvas. Fique à vontade.

A visão é o que se sonha para o negócio ou para si. Ela é a chegada e não a largada. É quase utópica, bem difícil de alcançar. Quase impossível. Tem seu foco no futuro e jamais no presente e no passado.

Ela é o passaporte para o futuro e projeta quem desejamos ser, ela é mutável, conforme os desafios.

Em minha opinião deve-se revistar de quando em quando, tanto a missão quanto a visão. Este de quando em quando é um espaço de tempo longo, pois se você refaz sua missão ou visão constantemente, então você não as tem.

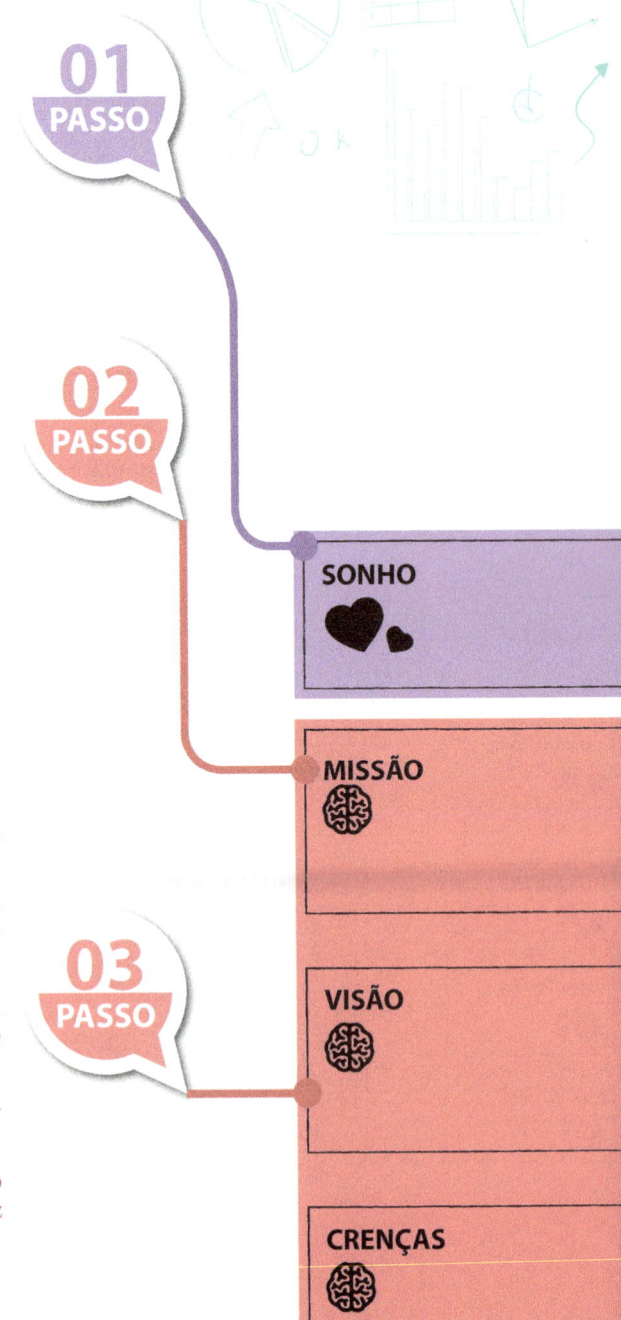

CRENÇAS

As crenças são grandes responsáveis pelo direcionamento e a postura ética e moral. São elas que direcionam e quase obrigam a sair de zonas de conforto ou mind-sets viciados.

As crenças dão a opção do caminho estreito, quanto mais fiéis às crenças ou valores formos (prefiro crenças como já disse anteriormente), mais autênticos e verdadeiros seremos e as empresas, também.

A verdade atrai a verdade, tanto quanto a mentira atrai a mentira.

Você já ouviu a palavra anomia? E sabe do que se trata?

Ela representa um tipo de estado de falta de objetivos e metas. Uma perda da identidade, como se fosse uma grande falta de significado e significância.

O Dicionário Aurélio diz que anomia é ausência generalizada de respeito a normas sociais, devido a contradições ou divergências entre estas.

Quando temos crenças ou valores que nos guiam e nos direcionam para a vida, então, reduziremos significativamente a anomia.

Se você não tem suas crenças declaradas ou escritas esta é hora de fazer uma reflexão profunda sobre esse tema.

Lembre-se que elas serão suas regras, direcionadores e diretrizes para todas as tomadas de decisão.

Quando você ou a empresa desrespeita uma crença trai a si e aos outros.

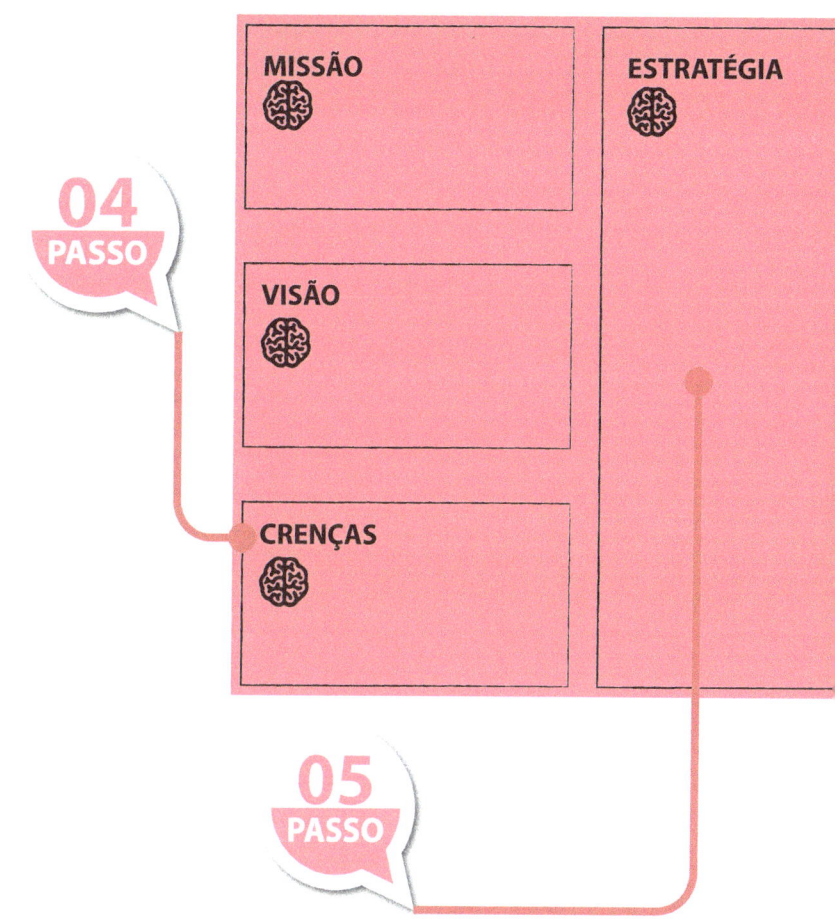

ESTRATÉGIA

Último passo da etapa de reflexões. Bem importante!

Descrever uma estratégia é como traçar um planejamento e posteriormente um plano e depois ações.

Para que você possa definir uma estratégia e seguir será necessário escrever algumas ações possíveis em post-its e colar no Canvas. Se você observar nos exemplos que disponibilizei, verá que algumas definições para a estratégia que descrevi muito têm a ver com ações estratégicas.

Definir a estratégia é como traçar um caminho com os recursos necessários para atravessá-lo e chegar ao destino. O grande problema de se acertar o alvo estratégico é que este é um tipo de alvo que vive em movimentos.

Então, defina um modelo para você, não espere que seja o mais perfeito do mundo e nem que seja o mais correto e certo. O importante aqui é ter uma definição de estratégia. Afinal, é melhor ter uma do que não ter nenhuma.

Lembre-se que da mesma forma que posso rever as metas e submetas, posso rever a estratégia, pois o mercado é vivo e esperto.

06 PASSO

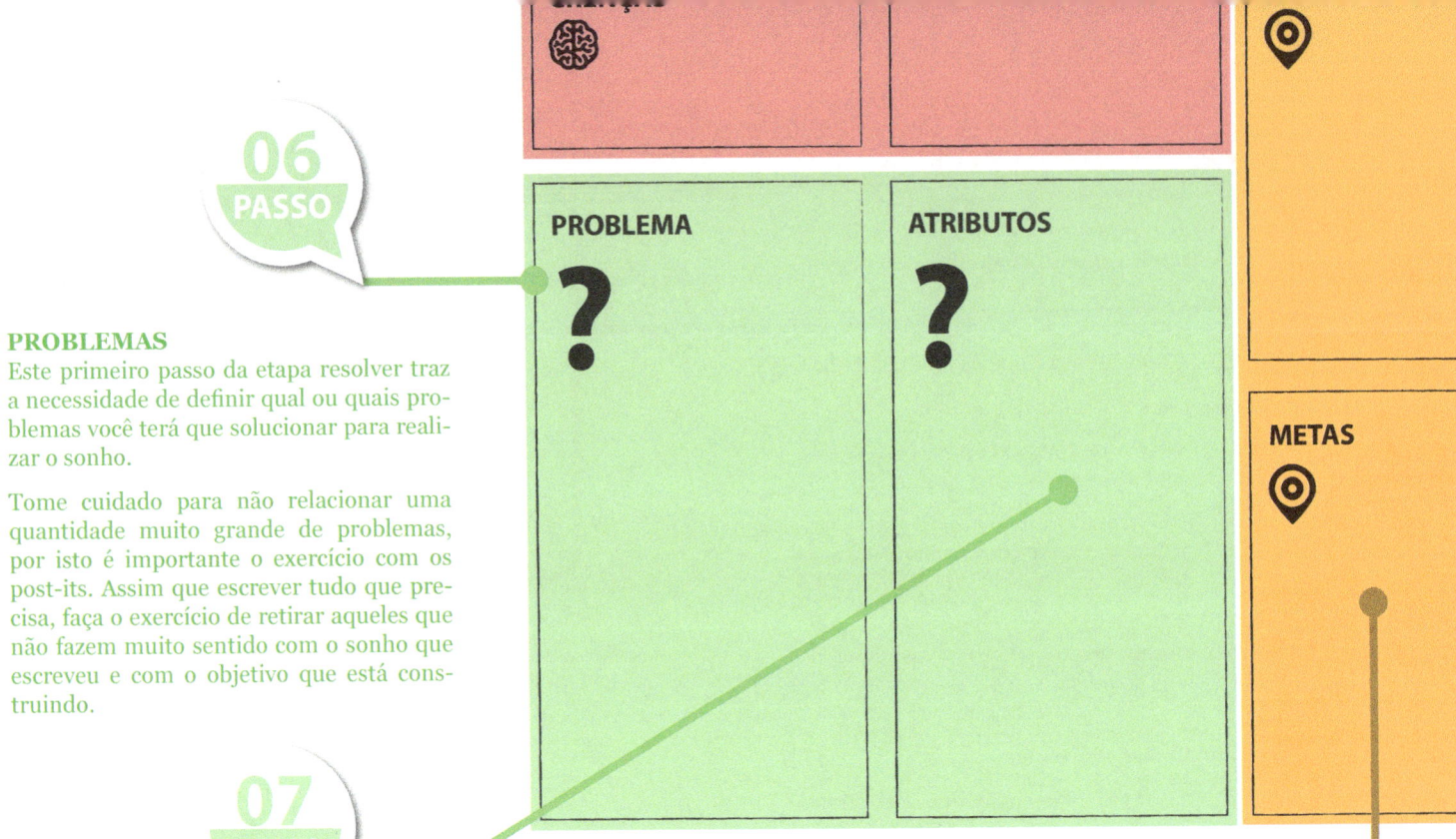

PROBLEMAS
Este primeiro passo da etapa resolver traz a necessidade de definir qual ou quais problemas você terá que solucionar para realizar o sonho.

Tome cuidado para não relacionar uma quantidade muito grande de problemas, por isto é importante o exercício com os post-its. Assim que escrever tudo que precisa, faça o exercício de retirar aqueles que não fazem muito sentido com o sonho que escreveu e com o objetivo que está construindo.

07 PASSO

ATRIBUTOS
O atributo tem a ver com dons, talentos, competências e incompetências que estão disponíveis na empresa (no caso de objetivos corporativos) ou que você tenha (no caso de objetivos pessoais).

Além do mais, você poderá considerar neste passo os colaboradores ou os envolvidos em seu objetivo.

08 PASSO

METAS
Para você inserir de forma mais saudável e atingível as metas, no passo oito do Canvas, quero dar-lhe quatro conselhos que creio serem primordiais:

1º Lembre-se dos níveis de espectro que discutimos anteriormente, assim a inserção será a mais realista possível;

2º Discipline-se para inserir no máximo três metas, fazendo assim revisões atenciosas em seus post-its; antes de finalizar a inserção.

3º Lembre-se do acrônimo SMART.

4º Reviste os quadros de recursos e a análise criteriosa dos ambientes.

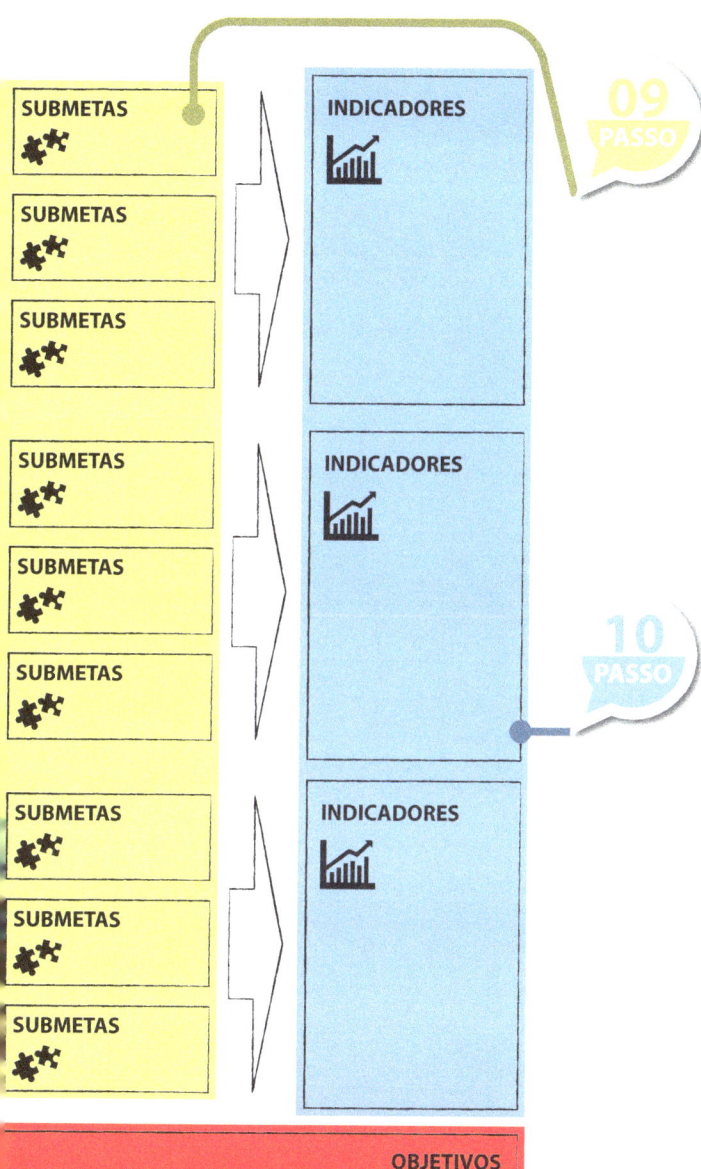

SUBMETAS

09 PASSO

Para inserir submetas é imprescindível que você construa três submetas para cada meta e seja bem realista nesta construção.

Utilize post-its coloridos na tempestade de ideias que será gerada durante os trabalhos com o seu Canvas.

Lembre-se que será importante, principalmente na construção de objetivos e metas corporativas, a participação de mais colaboradores, mesmo que você seja um gestor, diretor ou proprietário.

Ninguém atinge objetivos sozinhos, sempre precisaremos de recursos auxiliares.

Este é um passo muito importante, pois como se trata de um passo intermediário, ou seja, entre as metas e os indicadores, ele é o grande responsável por fazer a ponte entre a meta determinada e os indicadores responsáveis por sua mediação e acompanhamento.

INDICADORES

10 PASSO

Muito bem! Efetuada as discussões, colação de post-its no Canvas nos passos oito e nove, determinadas as três metas e as nove submetas é chegada a hora da construção dos indicadores de medição e acompanhamento das submetas e consequentemente das metas.

Minha sugestão é para que você crie indicadores de forma, de padrão e de tempo, uma para cada submeta, conforme os exemplos 1 e 2 do nosso Canvas que estão logo à frente no livro.

Suponha que seu objetivo seja: Para melhorar a qualidade de vida...

E uma das metas seja emagrecer, com uma submeta fazer exercícios físicos e este seja correr; então poderia criar três indicadores de acompanhamento para esta submeta: tempo, distância e calorias, por exemplo.

Estes indicadores devem responder claramente pela forma quantitativa do objetivo, ou seja, refletir de maneira palpável e mensurável as submetas e as metas. Isto levará, automaticamente, a uma declaração de objetivo desafiadora, porém atingível e entendível por todos os colaboradores ou os envolvidos no atingimento dele, seja corporativo ou pessoal.

A disciplina no acompanhamento é indispensável, cuidado para não ser engolido pelo dia a dia. Esta disciplina tem a ver com o mindset, portanto esteja pronto a efetuar mudanças e propor mudanças.

DECLARAÇÃO DO OBJETIVO

11 PASSO

Neste último passo, o de número onze, será a hora da grande declaração a ser feita. Minha sugestão é para que ela tenha no máximo quatro linhas, faça um esforço para iniciar-se com a palavra "PARA" (caso não seja possível, como em nossos exemplos não há problemas) e seja comunicada de maneira incansável por quem criou o objetivo. Esta declaração deve fazer sentido para quem lê e deve, de sobremaneira, encorajar e engajar as pessoas.

> "Não existem métodos fáceis para resolver problemas difíceis."
> René Descartes

O CANVAS

Exemplo 01 — PESSOAL

SONHO: Ter uma melhor qualidade de vida

ESTRATÉGIA: Dividir conhecimentos e aprendizados para contribuir com o crescimento intelectual, cultural e social das pessoas da rede de relacionamentos.

Sonho (notas)
- "Devolver" à sociedade de pessoas, ao fim de cada ciclo, melhores e mais capacitadas do que quando chegaram a mim.
- Tornar-me um referencial na Educação e na humanização do chamado mundo corporativo pela contribuição na formação de cidadãos melhores.
- Crer no humano como ator transformador do ambiente e dos processos: Ser Coerente; Ter Resiliência; Ter Fé; Ser Comprometido.

PROBLEMA
- Poupança
- Estresse
- Saúde debilitada
- Trânsito
- Obesidade

ATRIBUTOS
- Capacidade de adaptação minha e de minha família.
- Formas de captar capital
- Limitação de Vida Social

METAS → SUBMETAS → INDICADORES

META: Emagrecer
- SUBMETA: Fazer Exercícios Físicos — INDICADOR: Correr; Medir desempenho com aplicativo
- SUBMETA: Métodos Alimentares Nutricionistas — INDICADOR: Medir calorias, pesos e circunferências
- SUBMETA: Acompanhamento Médico — INDICADOR: Exames trimestrais; Peso; Cardiologista; Hemograma Semestral

META: Mudar de cidade
- SUBMETA: Família — INDICADOR: Escolar prazo 6 meses ou 1 ano
- SUBMETA: Logística — INDICADOR: Até 15 meses de preparação casa/trabalho/escola; 8 meses de transição; 100 km de distância
- SUBMETA: Trabalho — INDICADOR: Em outro local ou cidade; Em até 6 meses Home Office

META: Finanças
- SUBMETA: Economias — INDICADOR: Poupar 1500/mês
- SUBMETA: Receita — INDICADOR: Aumentar em 15% mais uma atividade até 6 meses
- SUBMETA: Custos — INDICADOR: Redução dos supérfluos 6 meses para redução total

OBJETIVOS: Para melhorar minha qualidade de vida e de minha família, no prazo de 15 meses, devo melhorar o desempenho da saúde, encontrar uma nova cidade para morar num raio de 100 km e gerir finanças para poupar 10% da renda atual, reduzindo custos e aumentando a receita em 15%.

O CANVAS

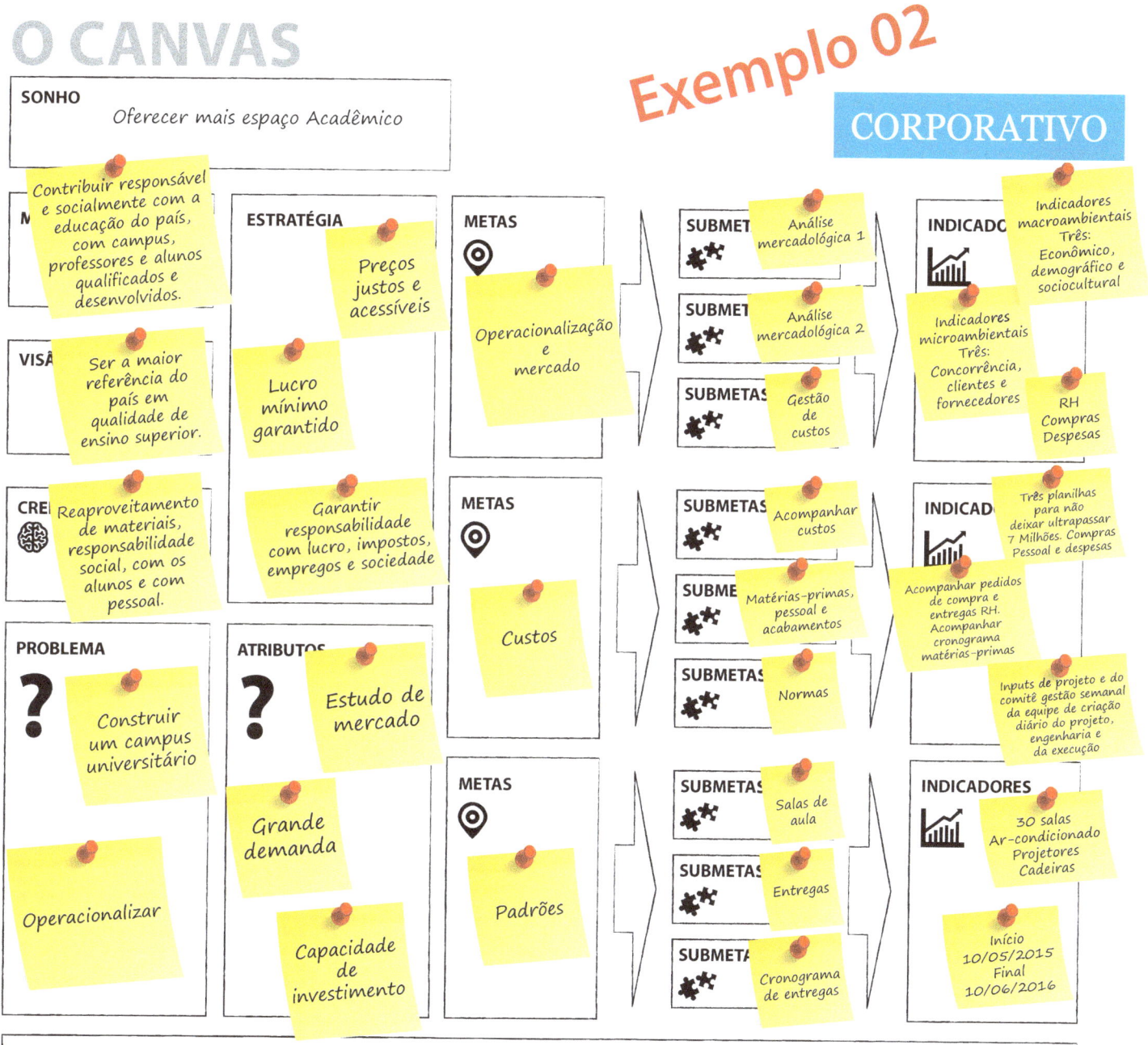

Exemplo 02 — CORPORATIVO

SONHO: Oferecer mais espaço Acadêmico

MISSÃO: Contribuir responsável e socialmente com a educação do país, com campus, professores e alunos qualificados e desenvolvidos.

VISÃO: Ser a maior referência do país em qualidade de ensino superior.

CRENÇAS: Reaproveitamento de materiais, responsabilidade social, com os alunos e com pessoal.

PROBLEMA:
- Construir um campus universitário
- Operacionalizar

ESTRATÉGIA:
- Preços justos e acessíveis
- Lucro mínimo garantido
- Garantir responsabilidade com lucro, impostos, empregos e sociedade

ATRIBUTOS:
- Estudo de mercado
- Grande demanda
- Capacidade de investimento

METAS:
- Operacionalização e mercado
- Custos
- Padrões

SUBMETAS:
- Análise mercadológica 1
- Análise mercadológica 2
- Gestão de custos
- Acompanhar custos
- Matérias-primas, pessoal e acabamentos
- Normas
- Salas de aula
- Entregas
- Cronograma de entregas

INDICADORES:
- Indicadores macroambientais. Três: Econômico, demográfico e sociocultural
- Indicadores microambientais. Três: Concorrência, clientes e fornecedores
- RH Compras Despesas
- Três planilhas para não deixar ultrapassar 7 Milhões. Compras Pessoal e despesas
- Acompanhar pedidos de compra e entregas RH. Acompanhar cronograma matérias-primas
- Inputs de projeto e do comitê gestão semanal da equipe de criação diário do projeto, engenharia e da execução
- 30 salas Ar-condicionado Projetores Cadeiras
- Início 10/05/2015 Final 10/06/2016

OBJETIVOS: Para construir e colocar em operação um campus universitário, com 30 salas de aula, na região do Vale do Paraíba no período de 10/05/2015 a 10/06/2016, deve-se respeitar todas as normas e não ultrapassar o custo máximo de R$ 7 milhões.

REVENDO CONCEITOS

TIRANDO AS DÚVIDAS

"Não existem métodos fáceis para resolver problemas difíceis."
René Descartes

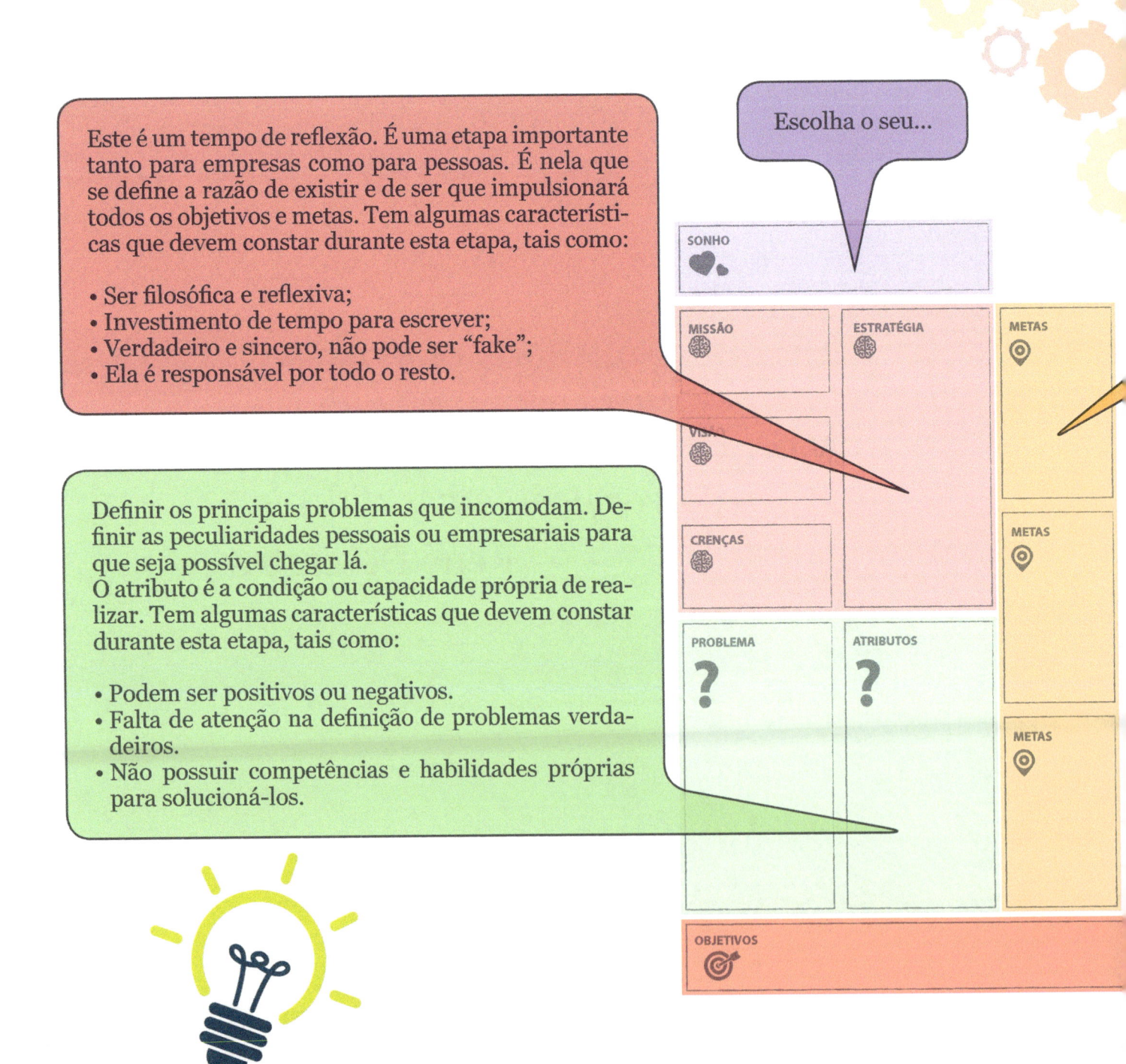

Este é um tempo de reflexão. É uma etapa importante tanto para empresas como para pessoas. É nela que se define a razão de existir e de ser que impulsionará todos os objetivos e metas. Tem algumas características que devem constar durante esta etapa, tais como:

- Ser filosófica e reflexiva;
- Investimento de tempo para escrever;
- Verdadeiro e sincero, não pode ser "fake";
- Ela é responsável por todo o resto.

Definir os principais problemas que incomodam. Definir as peculiaridades pessoais ou empresariais para que seja possível chegar lá.
O atributo é a condição ou capacidade própria de realizar. Tem algumas características que devem constar durante esta etapa, tais como:

- Podem ser positivos ou negativos.
- Falta de atenção na definição de problemas verdadeiros.
- Não possuir competências e habilidades próprias para solucioná-los.

Escolha o seu...

SONHO
MISSÃO
ESTRATÉGIA
METAS
VISÃO
CRENÇAS
METAS
PROBLEMA
ATRIBUTOS
METAS
OBJETIVOS

As metas compõem a parte quantitativa do objetivo. Pode até ser definido mais de três, mas não é recomendável, pois a fragmentação ficará muito complexa e com uma quantidade alta de submetas. Tem algumas características que devem constar durante esta etapa, tais como:

- Metas devem ser realistas;
- Atingíveis;
- Desafiadoras;
- Medidas;
- Específicas ao objetivo;
- Tempo;
- Forma.

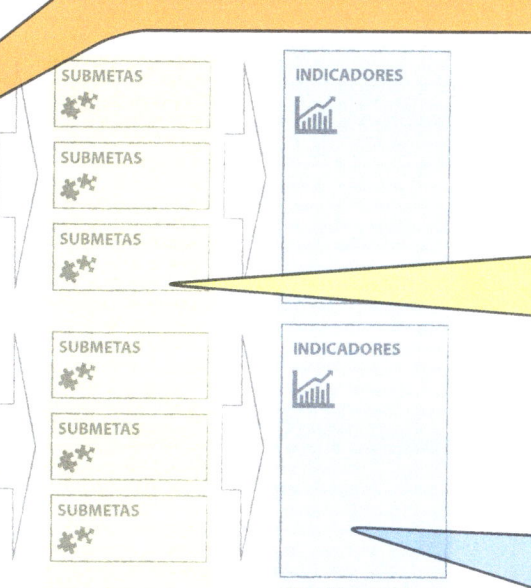

As submetas são as responsáveis por auxiliar no atingimento das metas e dão apoio à criação dos indicadores. É o primeiro item (passo 9) que pode sofrer algum tipo de alteração.

Os indicadores podem ser de tempo, de forma, de ações ou de conduta. O importante é definir mecanismos de medida e de gestão para apoiar e suportar as submetas e as metas.

Deve ser simples e de fácil entendimento. Não há forma padronizada de declarar o objetivo. Há sim, a sua forma de declará-lo de maneira clara e objetiva.

FRAGMENTAR

CANVAS OBJETIVOS E METAS

Os pontos de observação que compõem a mandala servem para chamar a atenção para alguns fatos importantes. Dividir as metas em submetas para que as metas fiquem menos comprometidas, garante o atingimento do objetivo, esta é a grande função da fragmentação.

FRAGMENTAR
PONTOS **OBSERVAÇÃO**

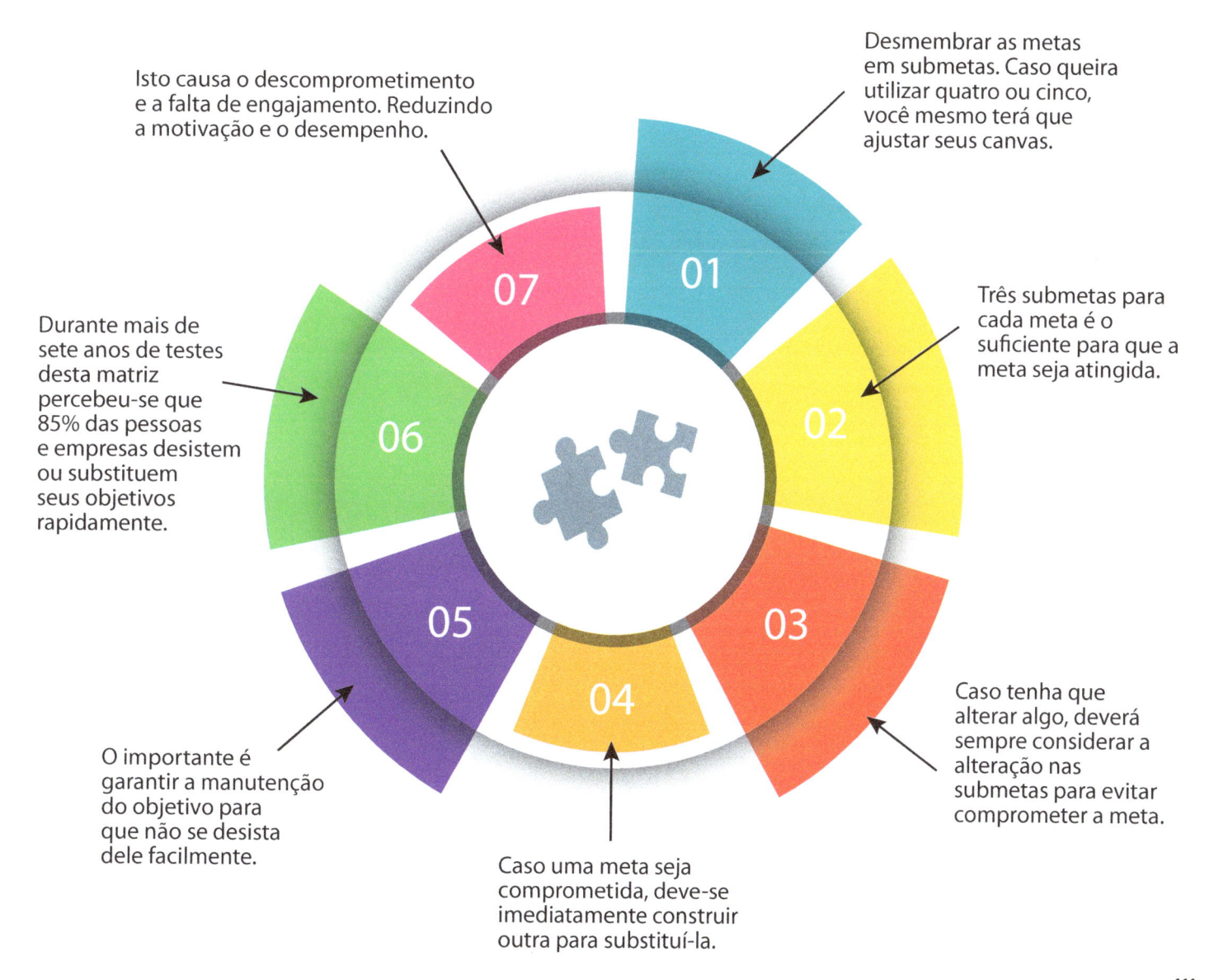

01 — Desmembrar as metas em submetas. Caso queira utilizar quatro ou cinco, você mesmo terá que ajustar seus canvas.

02 — Três submetas para cada meta é o suficiente para que a meta seja atingida.

03 — Caso tenha que alterar algo, deverá sempre considerar a alteração nas submetas para evitar comprometer a meta.

04 — Caso uma meta seja comprometida, deve-se imediatamente construir outra para substituí-la.

05 — O importante é garantir a manutenção do objetivo para que não se desista dele facilmente.

06 — Durante mais de sete anos de testes desta matriz percebeu-se que 85% das pessoas e empresas desistem ou substituem seus objetivos rapidamente.

07 — Isto causa o descomprometimento e a falta de engajamento. Reduzindo a motivação e o desempenho.

PLANO DE AÇÃO

O Plano de Ação

Os três processos – pessoas, estratégia e operações – continuam sendo os elementos constitutivos, o centro da boa execução. (Ram Charan)

Muito bem! Agora que você já tem um ou mais objetivos declarados, suas metas e submetas estão bem definidas, chegou a hora de agir.

Construir um plano de ação é extremamente importante para colocar em execução seus objetivos e alcançá-los de forma satisfatória.

Quero relembrar, mais uma vez, que as metas e as submetas não são estáticas, de modo que podem sofrer pequenos ajustes durante a execução.

Eu sempre sugiro a utilização de uma ferramenta muito útil para construção do plano: a 5W2H, uma ferramenta administrativa que pode ser utilizada por pessoas e por empresas de qualquer porte e setor.

Analisá-la com atenção traz clareza em relação à ação das atividades que devem ser executadas para o cumprimento do objetivo. Ela, ainda, é considerada uma das técnicas/ferramentas mais eficazes para acompanhar os projetos e os planejamentos e é amplamente utilizada para organizar o que deve ser feito porque distribui funções e afazeres por alocação.

Resumidamente, a ferramenta 5W2H explora as principais questões que envolvem um objetivo, o que a torna capaz de garantir uma visão controlada das ações e das mensurações dos resultados.

Foi uma ferramenta criada e desenvolvida por japoneses preocupados com a qualidade total na indústria automobilística. Assim, atua como um mapa estabelecedor de prioridades e gestão.

Logo abaixo, disponibilizo um modelo por meio do qual você poderá construir a sua 5W2H. Depois dele, uma planilha em branco para você exercitar seu plano de ação.

Lembrando que eu sou um autor que está disponível. Caso tenha dúvidas pode me enviar um e-mail que será um grande prazer auxiliá-lo, tanto no processo de construção do Canvas como nos planos de ação.

Tenho também um grupo fechado no Facebook onde esclareço muitas dúvidas sobre o tema. Fique à vontade para entrar no grupo, chama-se__ objetivos e metas atingíveis.

EXEMPLO DE
5W2H

O que será feito?	Quando será feito?	Onde será feito?	Por que será feito?	Quem fará?	Como será feito?	Quanto custará?

EXEMPLO DE
PLANO DE AÇÃO

OBJETIVO	
META	
SUBMETA	
INDICADOR	
OBS	

O QUÊ?	COMO?	RESPONSÁVEL PELO PROJETO?	ÁREAS ENVOLVIDAS	PESSOAS ENVOLVIDAS	INÍCIO DO PROJETO	TÉRMINO DO PROJETO	OBS

Revisões

Minhas sugestões se dividem em duas partes para auxiliá-lo com a primeira revisão que você deverá fazer.

A primeira parte de sugestões serve para quem tem objetivos de caráter pessoal: fazer todos os exercícios, utilizar o Canvas e, depois, compartilhar com um amigo (não um colega); pedir a ele para que teça comentários e críticas a respeito do seu objetivo e também perguntar se ele compreendeu o objetivo.

Ou seja, se seria capaz de cumpri-lo, caso fosse de responsabilidade dele.

O objetivo declarado precisa fazer sentido para quem toma conhecimento dele.

A segunda parte de sugestões serve para quem tem objetivos de caráter corporativo: fazer os exercícios (creio que, com esse intuito, seja mais fácil, visto que o pessoal da Administração possui conhecimento acerca das ferramentas de gestão), apresentar a equipes diferentes e multidisciplinares o(s) objetivo(s), pedir para todos verificarem se o(s) objetivo(s) está(ão) alinhado(s) com a missão, visão, crenças e estratégia da companhia e, por último, pedir para que teçam comentários e críticas.

Feito isso, com os objetivos testados e criticados você poderá fazer alguns ajustes, se forem necessários. Não os deixe para depois: faça-os imediatamente.

Você perceberá que a maioria dos ajustes estará no objetivo declarado, no texto final, pois será ele que as pessoas lerão, compreenderão e trabalharão para atingir.

Os objetivos não podem e não devem ser como "camisas de força"; eles devem ter certa flexibilidade. Até porque existe um ambiente onde as pessoas e as empresas estão inseridas. Lembra-se do macro e microambientes?

Em meu livro "Matriz SWOT - um olhar contemporâneo", você terá acesso a uma análise mais profunda dos ambientes que certamente lhe ajudará a entender melhor os que geram pressão sobre as empresas e as pessoas. Mas isso é outro assunto, o comentário foi só para não perder a oportunidade de indicação da leitura.

Organizações e empresas que definem seus objetivos pautados em estratégia sólida e por meio de boa análise dos ambientes levam vantagens competitivas em relação às que não o fazem com tanta seriedade ou não o fazem.

Posso afirmar, pois estudo as organizações e as pessoas há mais de dez anos. Também, tanto Drucker quanto Porter já escreveram sobre isso.

Objetivos bons ajudam a CONCENTRAR ESFORÇOS para atingi-los.

A clareza na concepção dos objetivos está pautada na construção de bons INDICADORES GERENCIAIS. Bons objetivos oferecem às empresas e às pessoas indicadores e controle capazes de mudar o ambiente competitivo e trazer a vitória nas ações comtempladas, justamente por sua solidez.

Lembre-se, mais uma vez: o que não se mede não se gerencia.

Bons objetivos oferecem para as empresas e para as pessoas parâmetros, pois, quando escritos e realizados, tornam possível comparar o que foi planejado com o que foi executado e perceber se houve melhoria ou não na performance.

Sendo assim, os objetivos, por levarem ao aprendizado, consequentemente promovem a melhoria contínua.

Bons objetivos são bases e auxiliares das boas estratégias, em sua aplicação, juntamente com o planejamento e os planos de ação. A capacidade de construir objetivos e metas atingíveis melhora por meio da prática da construção e da gestão desses objetivos.

Tenho certeza de que, quanto mais você praticar no Canvas, melhores e mais atingíveis serão seus objetivos.

Rever significa também refazer, olhar novamente o que foi feito no caminho, para encontrar falhas e anomalias na tentativa de corrigir a "rota" e, em relação aos objetivos, não é diferente. Isso justifica o uso de revisões.

Quando você não sabe para aonde vai, qualquer caminho serve; além disso, quem faz tudo, o tempo todo, para todo mundo, não faz nada.

Importante: sempre será mais rápido e fácil iniciar as revisões e correções pelas submetas. As revisões e correções das metas devem ser feitas posteriormente.

Com o próximo quadro você poderá colocar seu objetivo a prova, só para verificar se está no caminho correto.

Teste e revisão do objetivo declarado.

S	SPECIFIC (CONCRETO)	O OBJETIVO CORRETO		C	CHALLENGING (DESAFIADOR)
M	MENSURABLE (QUANTIFICÁVEL)	P	POSITIVELY STATE (POSITIVIDADE)	L	LEGAL (LEGAL)
A	ATTAINABLE (ATINGÍVEL)	U	UNDERSOOD (TÁCITO)	E	ENVIROMENTALLY SOUND (SUSTENTÁVEL)
R	REALISTIC (REALISTA)	R	RELEVANT (RELEVANTE)	A	AGREED (COMBINADO)
T	TIME PHASED (TEMPO - PRAZO)	E	ETHICAL (ÉTICO)	R	RECORDED (ASSIMILÁVEL DECLARADO)

Fonte: Adaptado de Krogerus e Tschappeler.

Note que estão disponíveis as metas SMART e mais duas colunas para que você confira seu objetivo.

A conferência da especificidade lhe permite analisar o quão concreto é seu objetivo. Quanto mais concreto for, mais real. Outra conferência importante é em relação à mensuração, se o objetivo é quantificável por intermédio de metas e submetas. Assim, quanto mais concreto e mensurável for, maior probabilidade de também ser atingível. Nesse contexto, conferir se o seu objetivo é realista consiste no passo posterior em direção à melhoria do objetivo declarado. Para constatar isso, basta responder a seguinte pergunta: De caráter individual ou corporativo, ele se baseia em recursos disponíveis na realidade atual? (Revisite os quadros de recursos) Se a resposta for afirmativa, significa que é realista. Caso contrário, necessita de revisão.

Muito importante também é a conferência em relação aos prazos/tempos colocados nas metas e submetas; o SMART pode ser utilizado para ambas.

Feitas as primeiras conferências do seu objetivo declarado, você deve passar para a próxima coluna.

Meu objetivo é positivo, ele apresenta características saudáveis em relação aos anseios individuais ou corporativos?

Quando se espera, na conferência, que ele seja tácito, é no sentido de que quase não existe a necessidade de palavras para explicá-lo, pois se explica por si, como ocorre com os objetivos declarados. Caso seu objetivo necessite de muitas palavras para se fazer entender, revise-o.

O objetivo também deve ser relevante tanto para você quanto para a companhia.

A ética como característica do objetivo é essencial: ele deve estar de acordo com as leis e com as normas estabelecidas na companhia. Caso contrário, também deve ser revisto.

Por fim, a conferência da última coluna revelará se ele é desafiador o suficiente para retirar você da zona de conforto (você pode rever o gráfico das fases de metas), com consciência e competência, além de respeito aos recursos disponíveis, visto que todo objetivo deve ser sustentável a curto, médio e longo prazo.

Outra pergunta importante é se ele é legal, não infringe leis e normas individuais e/ou corporativas.

Deve ficar claro que o desdobramento das metas é fundamental. Em outras palavras: sua partilha com as pessoas e/ou departamentos envolvidos, pois essa é uma dinâmica imprescindível para o atingimento do objetivo e a manutenção do foco sem que haja risco de desmotivação.

Considerações Finais 1

Finalizo com algumas observações que servirão a você, se for construir objetivos individuais.

No âmbito dos objetivos pessoais, a utilização da matriz e do Canvas é ou deve ser menos complexa; também deve ser percebido que ela é parte importante do processo de construção.

Você é peça fundamental da sua construção e se conhecer lhe ajudará muito. Quanto mais clareza tiver em relação a si, mais fiéis serão seus objetivos construídos.

Não desanime: a vida é feita de desafios. Mantenha a fé e a esperança naquilo que considera importante para você e/ou para sua família.

Vejo muitas pessoas apenas declararem suas metas e objetivos sem realmente construí-los, registrá-los, o que os faz perder a intensidade e, consequentemente, diminuir a probabilidade de alcance. Respeitar limites é muito importante quando se trata de mudar uma vida ou melhorar o desempenho pessoal em alguma área dela. Claro que todos procuram acertar, mas, ao mesmo tempo, são passíveis de erro.

Com auxílio da matriz e do Canvas, contudo, há redução dos erros, o que não significa, necessariamente, que eles não existirão.

As pessoas, em sua maioria, se frustram demais quando não conquistam o que querem; algumas entram até em depressão por se acharem incapazes de obter determinadas conquistas.

Assim, após a apresentação do método do Canvas, espero que você, se estiver em uma dessas condições, não desista.

Considerações Finais 2

Essas considerações servirão a você, se for construir objetivos corporativos ou empresariais (são sinônimos; dessa forma, chame-os como preferir).

Acredito que objetivos desse âmbito sejam mais desafiadores, pois os recursos envolvidos não são somente seus, mas da companhia, de modo que envolvem várias pessoas e resultados.

Lembre-se: quanto mais esses objetivos estiverem alinhados à missão, à visão e à estratégia da empresa, mais atingíveis serão.

Não sei se você já teve acesso ao BSC (Balanced Scorecard) que é uma metodologia de medição e gestão de desempenho desenvolvida por dois professores da Harvard Business School: Robert Kaplan e David Norton, em 1992.

Caso não tenha tido acesso, sugiro pesquisar um pouco. Caso você já conheça quero compartilhar uma reflexão rápida consigo.

Eu tenho certeza que a minha metodologia e o Canvas podem auxiliar consideravelmente na implantação do BSC nas organizações. Sabe por quê?

O Canvas trará reflexões profundas sobre a construção de objetivos e metas levando estas reflexões a apoiarem a definição dos indicadores das quatro perspectivas do BSC.

Kaplan e Norton (1997, p. 233-234) vão dizer que constataram a necessidade de quatro passos para o uso do Scorecard num processo integrado de planejamento estratégico e que o primeiro deles diz o seguinte: "Estabelecer metas de superação. Os executivos devem fixar metas ambiciosas para indicadores que sejam entendidos e aceitos por todos os funcionários (colaboradores)".

Neste mesmo livro eles salientam a incapacidade de muitos executivos e gestores no estabelecimento de suas metas, "o problema no estabelecimento de metas de superação está no fato de serem processos fragmentados que buscam definir metas ambiciosas para iniciativas ou medidas isoladas". (KAPLAN; NORTON, 1997, p. 236).

Alguns aprendizados importantes com BSC me fizeram comprovar o quão importante é que você tenha acesso ao Canvas e saiba utilizá-lo para construir objetivos e metas atingíveis, mesmo que ela esteja no espectro mais elevado.

Você pode até se perguntar por que eu falarei sobre BSC agora? Por que não o fiz no capítulo *O que dizem os gurus*?

A ideia de deixar para colocá-lo aqui foi justamente para fazer jus à construção de objetivos e metas atingíveis e estar apoiado por uma metodologia consagrada como o BSC.

Imaginei que falar sobre BSC no capítulo *O que dizem os gurus* não traria tantas ideias e apoio como a partir deste momento.

Fiz algumas reflexões que estão nos quadros abaixo para servir de exemplo, espero que ajude.

Utilizei os conceitos do BSC, até por se tratar de uma metodologia consagrada e aplicada em várias empresas espalhadas pelo mundo, para embasar minhas reflexões sobre o conceito de objetivos e metas.

Neste primeiro quadro quero apresentar a quem não conhece as quatro perspectivas do BSC – Balanced Scorecard.

PERSPECTIVAS DO BALANCED SCORECARD	QUESTÕES A SEREM RESPONDIDAS	MEDIDAS GERAIS
FINANCEIRA	"PARA SERMOS BEM-SUCEDIDOS FINANCEIRAMENTE, COMO DEVEMOS APARECER PARA NOSSOS ACIONISTAS?"	RETORNO SOBRE INVESTIMENTOS E VALOR ECONÔMICO ADICIONADO
CLIENTES	"PARA ATINGIR NOSSA VISÃO, COMO DEVEMOS APARECER PARA NOSSOS CLIENTES?"	"SATISFAÇÃO, FIDELIZAÇÃO, PARTICIPAÇÃO DE MERCADO"
PROCESSOS INTERNOS	"PARA SATISFAZER NOSSOS ACIONISTAS E CLIENTES, EM QUE PROCESSOS DE NEGÓCIOS DEVEMOS SER EXCELENTES?"	"QUALIDADE, TEMPO DE RESPOSTA, CUSTO E INTRODUÇÃO DE NOVOS PRODUTOS"
APRENDIZADO E CRESCIMENTO	"PARA ATINGIR NOSSA VISÃO, COMO DEVEMOS SUSTENTAR NOSSA CAPACIDADE DE MUDAR E MELHORAR?"	SATISFAÇÃO DOS EMPREGADOS E DISPONIBILIDADE DOS SISTEMAS DE INFORMAÇÃO

A primeira perspectiva a ser exemplificada é a financeira

"Para sermos bem-sucedidos financeiramente, como deveríamos ser vistos pelos nossos proprietários?"

SONHO	METAS	INDICADORES	AÇÃO
RETORNO SOBRE O INVESTIMENTO	10% EM 2012; 15% EM 2013; 20% EM 2014.	%LL SOBRE INVESTIMENTOS	ELEVAR A PRODUTIVIDADE DOS ATIVOS
CRESCIMENTO DA RECEITA	10% AO ANO	% CRESCIMENTO EM RELAÇÃO AO ANO ANTERIOR	ENTRAR EM NOVOS MERCADOS
RENTABILIDADE	5% EM 2012; 10% EM 2013; 12,5% EM 2014.	%LL SOBRE RECEITAS	LANÇAR NOVOS PRODUTOS COM VALOR AGREGADO

A segunda perspectiva a ser exemplificada é a do cliente.

"Para alcançarmos nossa visão, como deveríamos ser vistos pelos nossos clientes?"

SONHO	METAS	INDICADORES	AÇÃO
FIDELIZAÇÃO DO CLIENTE	50% EM 2012; 60% EM 2013; 70% EM 2014.	% CLIENTES FIÉIS EM RELAÇÃO À BASE DE CLIENTES	INTRODUZIR PROGRAMA DE FIDELIZAÇÃO
VALOR PERCEBIDO PELO CLIENTE	60% EM 2012; 65% EM 2013; 70% EM 2014.	VALOR ESPERADO VALOR RECEBIDO	CONHECER MELHOR AS NECESSIDADES DOS CLIENTES
PARTICIPAÇÃO DE MERCADO	20% EM 2012; 21% EM 2013; 22% EM 2014.	% NO TOTAL DE VENDAS EM SP	IMPLEMENTAR PROGRAMA MAIS AGRESSIVO DE COMUNICAÇÃO

A terceira perspectiva a ser exemplificada é a dos processos internos.

"Para satisfazermos nossos proprietários e clientes, em que processos de negócios devemos alcançar a excelência?"

SONHO	METAS	INDICADORES	AÇÃO
INOVAÇÃO DE PRODUTOS	5 NOVOS PRODUTOS POR ANO	PIONEIRO NO LANÇAMENTO DE NOVOS PRODUTOS	REDUZIR PRAZOS PARA O DESENVOLVIMENTO DE NOVOS PRODUTOS
MELHORIA DA QUALIDADE	5 EM 2012; 3 EM 2013; 1 EM 2014.	% DE PRODUTOS FORA DO PADRÃO	REVISAR PROCESSOS
MAIOR PRODUTIVIDADE	REDUZIR 10% AO ANO ATÉ 2018	PESSOAS / PRODUTO ENTREGUE	AUTOMATIZAR PROCESSOS INTERNOS

A quarta perspectiva a ser exemplificada é a do aprendizado e crescimento.

"Para alcançarmos nossa visão, como sustentaremos nossa capacidade de mudar e melhorar?"

SONHO	METAS	INDICADORES	AÇÃO
DOMÍNIO DE NOVAS COMPETÊNCIAS	50% EM 2012, 60% EM 2013; 70% EM 2014.	% PESSOAL COM NÍVEL SUPERIOR	DESENVOLVER PROGRAMA DE BOLSAS PARCIAIS
COMPORTAMENTO EMPREENDEDOR	10% EM 2012, 15% EM 2013; 20% EM 2014.	PROJETOS DESENVOLVIDOS POR FUNCIONÁRIOS	INTRODUZIR PROGRAMA EMPREENDEDOR INTERNO
PESSOAL PARA O FUTURO	20% EM 2012, 25% EM 2013; 30% EM 2014.	NÚMERO DE TRAINEES	DESENVOLVER PROGRAMA PARA CAPTAÇÃO E FORMAÇÃO DE PESSOAL COM ATÉ 25 ANOS DE IDADE

Como pode perceber em cada quadro referente a cada perspectiva, eu montei uma série de metas, indicadores e ações para problemas ou sonhos de uma companhia fictícia.

Normalmente eu resumo os objetivos em quadro para facilitar o acompanhamento e a gestão. Caso queria fazer assim fique à vontade ou crie seu próprio método de acompanhamento.

Este tipo de finalização, que pode apoiar o BSC, deve ser fruto da aplicação da metodologia, desde a utilização do bloco de exercícios até a construção do Canvas e seus resultados finais.

Não apliquei ainda estas ideias para objetivos pessoais, pois a utilização da ferramenta BSC é muito mais corporativa. Mas, se quiser tentar...

Certa vez, eu estava em uma empresa e um gerente comercial chegou com o desafio para sua equipe. Ele disse: "Tenho como objetivo aumentar as vendas 15% neste trimestre".

Todos ficaram quietos e aceitaram o objetivo como verdadeiro e correto. Logo após a saída do gerente, da sala, os colaboradores me perguntaram se o objetivo estava correto. Claro que não, eu disse.

Foi um objetivo imposto sem nexo, sem considerar as variáveis do ambiente e os recursos da empresa. Inconsequente, eu diria. Até porque conhecia a capacidade geral da empresa, naquela época, por isso que a utilizo aqui como exemplo.

Fui conversar com o gerente e apresentei a ele a metodologia descrita nesse livro e o Canvas. Sucesso: ele conversou novamente com a equipe e demonstrou outra definição, mais clara e técnica acerca do objetivo proposto.

Até poderia querer aumentar as vendas 15%, mas deveria avaliar, juntamente, outros fatores na construção desse objetivo. Nesse contexto, vale citar que você aprendeu, com a leitura, que esse tipo de declaração não é considerada como um objetivo, certo? "Aumentar 15%" só serviria como um indicador para uma meta ou uma submeta.

Nesse caso, o gerente deveria ter considerado a capacidade de entrega da empresa, de compras de matéria-prima, de produção, de pagamento, além dos recursos humanos. Se ele conhecesse as descrições de recursos que vimos nesse livro, poderia ter se saído melhor.

Como disse, o ato de planejamento deve ser visto como uma atitude de respeito para com as pessoas que dependem de você para atingir seus objetivos e metas.

Espero que o método e o Canvas possam contribuir na construção dos objetivos e metas para suas equipes e empresas de forma justa e sustentável, de tal maneira que toda vez que você der um objetivo para seu time ele lhe respeite e saiba que a construção se deu por meio de muita responsabilidade, visando o ganho comum. Não é preciso dizer que o envolvimento de todos para alcance de resultados sustentáveis e objetivos viáveis é fundamental.

A construção e a capacidade de atingir objetivos e metas devem agregar valor para companhia e para as pessoas; assim, certamente lhe trará grande credibilidade e reconhecimento profissional.

EXERCÍCIOS

Os exercícios propostos por mim são importantes para a construção de objetivos e metas atingíveis.

Não significa que, se você não utilizá-los, não conseguirá construir seu Canvas (são ferramentas de auxílio, não obrigatórias para os trabalhos no Canvas), mas será tarefa bem mais complexa, menos produtiva e assertiva, não utilizá-los. Desse modo, minha sugestão é que você dedique tempo para fazê-los e para praticá-los.

Tenho certeza de que, se você exerce ou já exerceu cargos de gestão ou executivos, já viu ao menos alguma dessas ferramentas, para não dizer todas.

Faz-se importante deixar claro que elas não são minha invenção, pois estão disponíveis em livros e sites. Eu apenas as reuni para lhe ajudar.

A bateria de exercícios está ligada aos recursos disponíveis para você ou para uma empresa e à solução de problemas, bem como à definição de prioridades e ações que você não deverá executar e também as que você deverá executar.

Essa bateria de exercícios também pode lhe ajudar a melhorar os post-its que utilizou para trabalhar nas etapas de problemas e atributos, no Canvas. Dessa forma, na etapa que se apresenta você precisará revisitá-lo. Uma sugestão: se for trabalhar o Canvas em um A3 ou em uma sala com mais pessoas, também leve o bloco de exercícios para o auxiliar nos trabalhos, assim como bastante post-its!

Em meu site www.claudiozanutim.com.br/objetivosemetas/ você terá acesso a uma pasta para fazer download com todos os arquivos dos exercícios.

Bom trabalho!

EXERCÍCIO MATRIZ DE RECURSOS

Exercício 1 – A construção da minha Matriz de Recursos

FUNÇÕES BÁSICAS ADMINISTRATIVAS	DIRIGIR RUMO / CAMINHO	PLANEJAR COMO UTILIZAR	ORGANIZAR ESTRUTURAR	CONTROLAR REGISTRAR E AVALIAR
OBJETIVOS	**Missão** - Razão da existência da empresa e/ou do indivíduo. **Visão** - sonho quase "inatingível" para o negócio. **Valores** - atitudes e práticas perante o mercado e a sociedade que fortalecem a Missão e Visão da Empresa.			
FINANCEIRO				
HUMANOS				
INFRAESTRUTURA				
MÁQUINAS E EQUIPAMENTOS				
MATÉRIA-PRIMA E MATERIAIS				
TEMPO				
INFORMAÇÃO				

UTILIZAR O MÉTODO PASCAL

P → identificação de **PROBLEMA**

A → **ANÁLISE** do problema

S → definição de **SOLUÇÕES**

C → **ESCOLHA (CHOICE)** da melhor solução

A → **AÇÃO** – implementação

L → **LEARNING** – acompanhamento e aprendizado

Trata-se de uma metodologia comprovadamente eficaz e eficiente na identificação e solução de problemas.

A ideia da utilização desses exercícios é exatamente auxiliar na colocação e definição mais palpável dos post-its sobre problemas e atributos de seu objetivo.

Você perceberá que o método PASCAL está decomposto em alguns passos que deverá seguir conforme as orientações. Além do que, perceberá que sempre existe um modelo-padrão, um exemplo e, por último, quadros vazios para que você possa praticar.

GUT

É NECESSÁRIO PRIORIZAR OS PROBLEMAS

GUT:

- **GRAVIDADE:** IMPACTO CAUSADO PELO PROBLEMA SOBRE A CAMPANHA DO LUCIANO CORRÊA

- **URGÊNCIA:** PRESSÃO E TEMPO DISPONÍVEL PARA SE RESOLVER O PROBLEMA

- **TENDÊNCIA:** POTENCIAL DE CRESCIMENTO (PIORA) DO PROBLEMA

Esta ferramenta é ótima para trabalhar prioridades, principalmente para quem nunca fez algum tipo de exercício neste sentido.

A GUT ajudará a priorizar ações. Siga corretamente as orientações desta etapa.

ESCALA DE CLASSIFICAÇÃO - GUT

NOTA	GRAVIDADE	URGÊNCIA	TENDÊNCIA
5	EXTREMAMENTE GRAVE	EXTREMAMENTE URGENTE	SE NÃO FOR RESOLVIDO, PIORA IMEDIATAMENTE
4	MUITO GRAVE	MUITO URGENTE	PIORA A CURTO PRAZO
3	GRAVE	URGENTE	PIORA A MÉDIO PRAZO
2	POUCO GRAVE	POUCO URGENTE	PIORA A LONGO PRAZO
1	SEM GRAVIDADE	SEM URGÊNCIA	SEM TENDÊNCIA DE PIORA

Esta escala de classificação, que se utiliza de uma escala Likert para dar peso às colocações efetuadas por você, deve lhe orientar quanto à linha de urgências de seus problemas a serem resolvidos.

Pode ser que, nesse momento, você veja a necessidade de ajustar o sonho que colocou e também a etapa de problemas, no Canvas.

EXPLICAÇÃO DA APLICAÇÃO - GUT

PROBLEMAS	G	U	T	TOTAL	PRIORIDADE
ATRASO NA ENTREGA DO FORNECEDOR	4	4	3	11	2º
ALTO GASTO COM MATERIAIS DE ESCRITÓRIO	2	2	1	5	4º
BAIXO ÍNDICE DE RECOMPRA ENTRE CLIENTES	5	4	4	13	1º
PROBLEMAS DISCIPLINARES ENTRE OS VENDEDORES	3	2	3	8	3º

Esta é hora de você fazer o seu exercício utilizando o quadro em branco.

PRÁTICA - VOCÊ DEVERÁ PREENCHER ESTE QUADRO

PROBLEMAS	G	U	T	TOTAL	PRIORIDADE

Esta é hora de você fazer o seu exercício utilizando o quadro em branco.

PRÁTICA - VOCÊ DEVERÁ PREENCHER ESTE QUADRO

PROBLEMAS	G	U	T	TOTAL	PRIORIDADE

Esta é hora de você fazer o seu exercício utilizando o quadro em branco.

PRÁTICA - VOCÊ DEVERÁ PREENCHER ESTE QUADRO

PROBLEMAS	G	U	T	TOTAL	PRIORIDADE

MATRIZ DE IDENTIFICAÇÃO DE PROBLEMAS

IDENTIFICAR PROBLEMA
PASSO - 01

Unificar a percepção da situação.
Identificar a discrepância entre o real e o teórico,
e para isto devemos escrever o problema de maneira breve.

DECOMPOR O PROBLEMA
PASSO - 02

O problema pode ser um conjunto de problemas individuais e é preciso decompor para conseguir tratá-lo. Quando se oferecem muitos detalhes, obtém-se uma visão de conjunto das dimensões do problema principal.

DESENVOLVER A DESCRIÇÃO DO PROBLEMA
PASSO - 03

Devemos perguntar se a formulação do tema é a que descreve exatamente o problema ou se devemos alterar a formulação com maior precisão, assegurando que realmente estamos tratando a causa e não o sintoma.

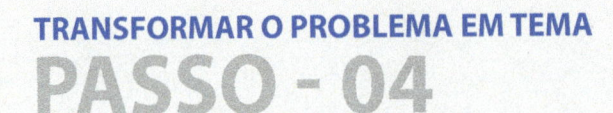

TRANSFORMAR O PROBLEMA EM TEMA
PASSO - 04

Por último, devemos transformar o problema em tema, da forma mais exata e concisa possível.

Agora é hora de você praticar e preencher os quadros abaixo.

Você deverá utilizar cada problema identificado na GUT separadamente, ou seja, um em cada quadro. Como são quatro problemas você perceberá que existem quatro quadros para você exercitar.

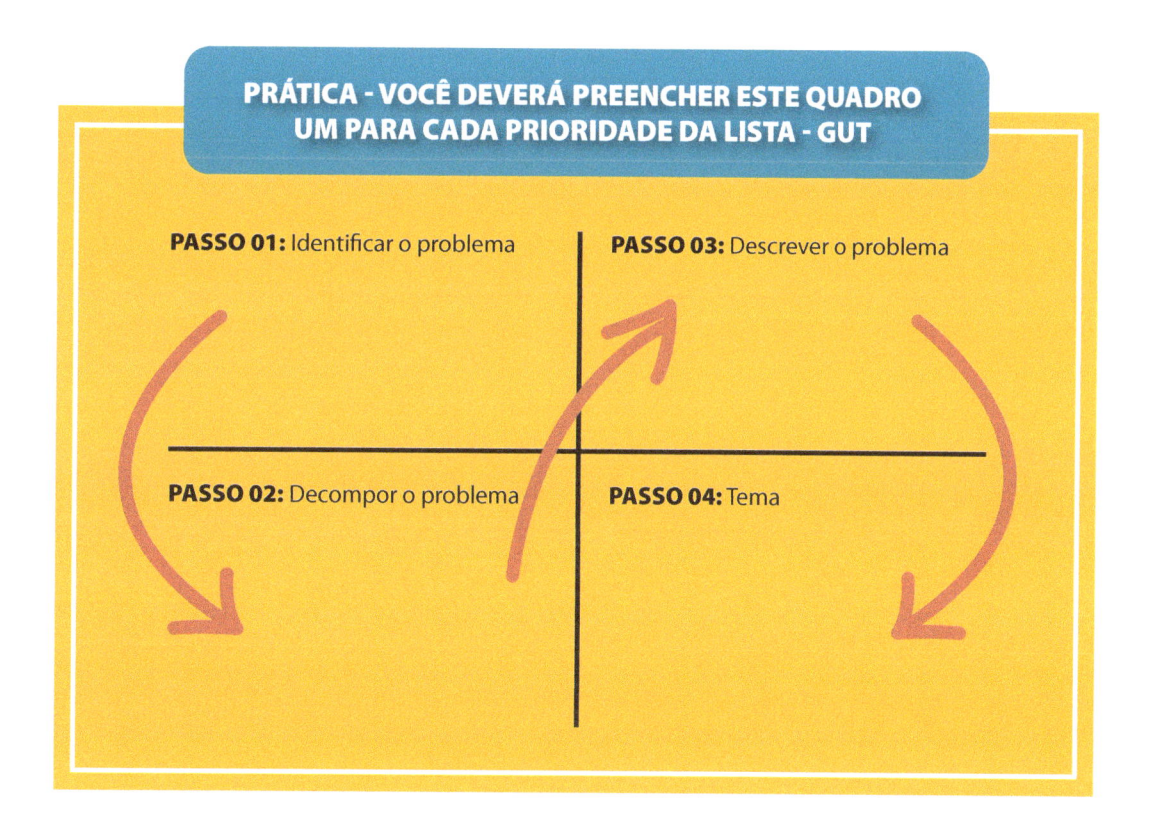

PRÁTICA - VOCÊ DEVERÁ PREENCHER ESTE QUADRO UM PARA CADA PRIORIDADE DA LISTA - GUT

PASSO 01: Identificar o problema

PASSO 02: Decompor o problema

PASSO 03: Descrever o problema

PASSO 04: Tema

PRÁTICA - VOCÊ DEVERÁ PREENCHER ESTE QUADRO UM PARA CADA PRIORIDADE DA LISTA - GUT

PASSO 01: Identificar o problema	**PASSO 03:** Descrever o problema
PASSO 02: Decompor o problema	**PASSO 04:** Tema

PRÁTICA - VOCÊ DEVERÁ PREENCHER ESTE QUADRO UM PARA CADA PRIORIDADE DA LISTA - GUT

PASSO 01: Identificar o problema	**PASSO 03:** Descrever o problema
PASSO 02: Decompor o problema	**PASSO 04:** Tema

PRÁTICA - VOCÊ DEVERÁ PREENCHER ESTE QUADRO UM PARA CADA PRIORIDADE DA LISTA - GUT

PASSO 01: Identificar o problema

PASSO 03: Descrever o problema

PASSO 02: Decompor o problema

PASSO 04: Tema

PRÁTICA - VOCÊ DEVERÁ PREENCHER ESTE QUADRO UM PARA CADA PRIORIDADE DA LISTA - GUT

PASSO 01: Identificar o problema	**PASSO 03:** Descrever o problema
PASSO 02: Decompor o problema	**PASSO 04:** Tema

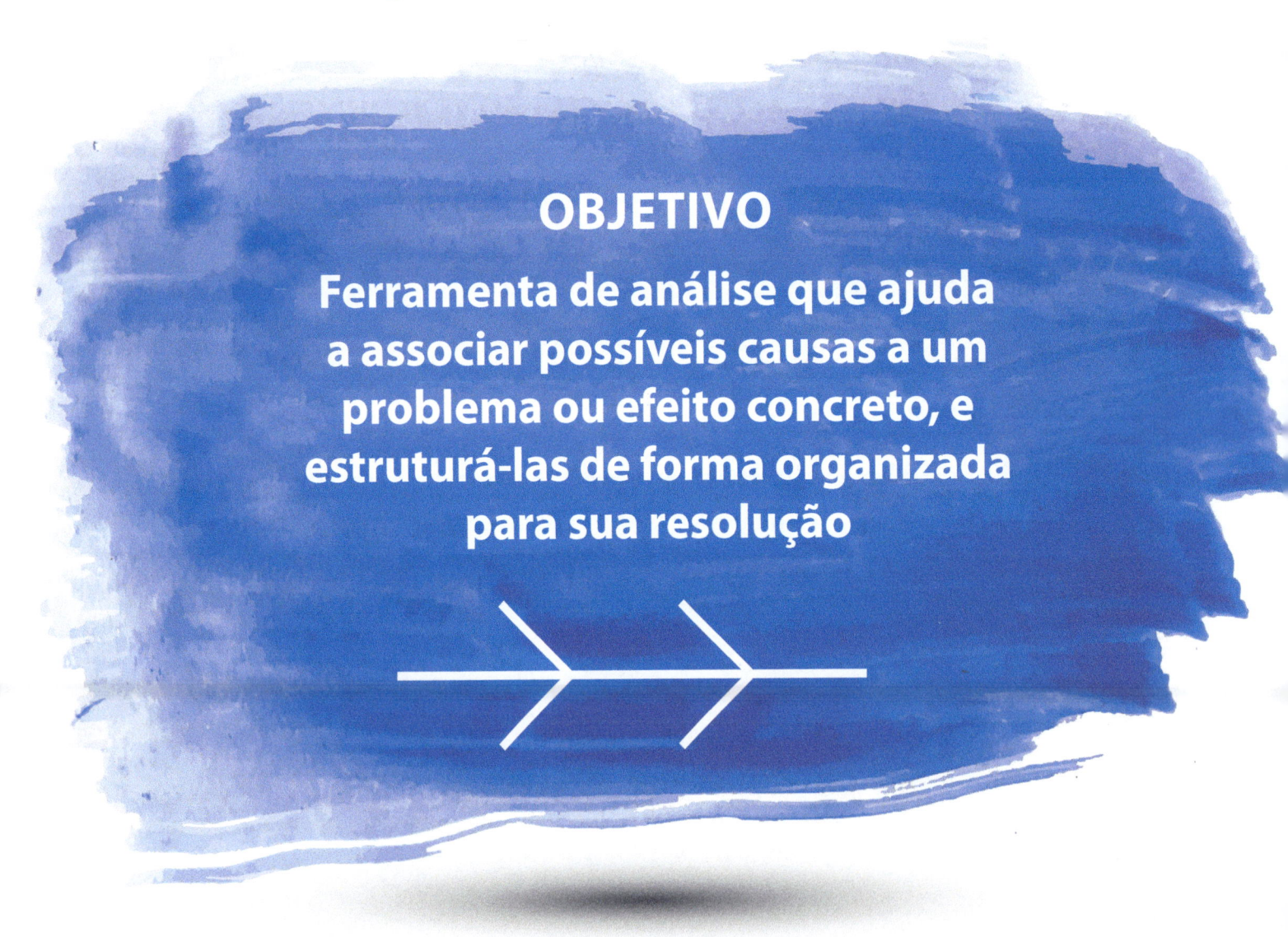

DIAGRAMA TIPO ISHIKAWA
(CAUSA E EFEITO)

OBJETIVO

Ferramenta de análise que ajuda a associar possíveis causas a um problema ou efeito concreto, e estruturá-las de forma organizada para sua resolução

DIAGRAMA TIPO ISHIKAWA (CAUSA E EFEITO)

COMO FUNCIONA

- Selecionar um problema ou efeito
- Gerar ideias de possíveis causas (é possível usar o brainstorm)
- Definir as principais categorias considerando o máximo de 6 (seis)
- Atribuir às causas suas categorias correspondentes
- Identificar a raiz do problema

DIAGRAMA TIPO ISHIKAWA (CAUSA E EFEITO)

1. Selecionar um **problema** ou efeito

2. Gerar **ideias** de possíveis causas (é possível usar o brainstorm)

3. **Definir** as principais categorias procurando que não sejam mais de 6 (seis)

4. Atribuir às **causas** distintas as suas correspondentes categorias principais

5. Identificar a **raiz** do problema

DIAGRAMA TIPO ISHIKAWA (CAUSA E EFEITO)

EFEITO:
PERDA DE CONTROLE DO CARRO

CAUSAS PRINCIPAIS:
- PNEU SEM AR
- ESTRADA ESCORREGADIA
- FALHA MECÂNICA
- ERRO DO CONDUTOR

CAUSAS SECUNDÁRIAS:

PNEU SEM AR
VIDROS
PEDRA
REBENTAMENTO
PREGO

ESTRADA ESCORREGADIA
ÓLEO
CHUVA
GELO
NEVE

FALHA MECÂNICA
QUEBRA DE DIREÇÃO
ACELERADOR BLOQUEADO
FALHAS NO FREIO
PASTILHA GASTA
PERDA DE LÍQUIDO
ERRO DO CONDUTOR
TEMERIDADE
FORMAÇÃO DEFEITUOSA
REFLEXOS DEFICIENTES

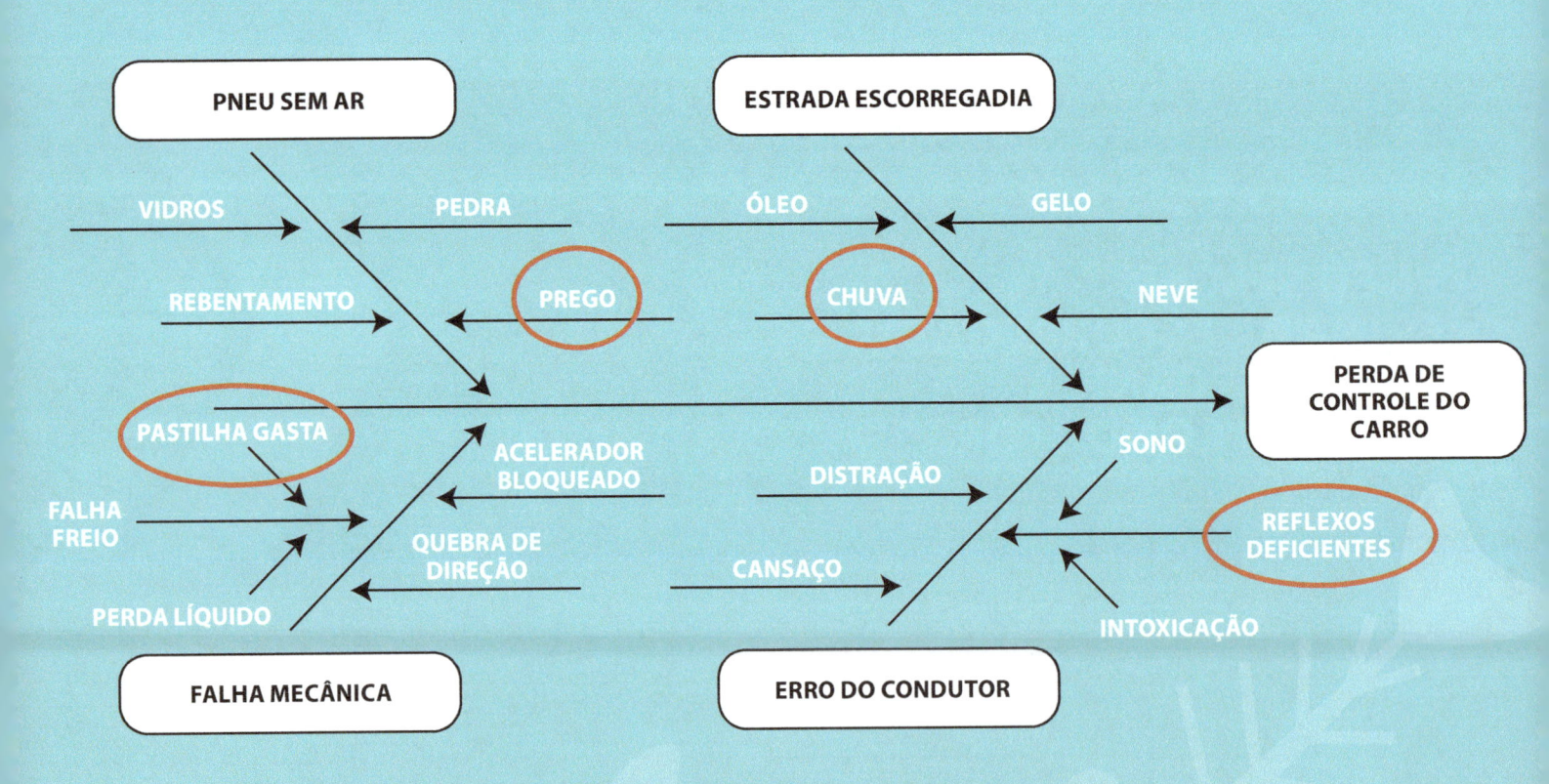

DIAGRAMA TIPO ISHIKAWA
(CAUSA E EFEITO)

PNEU SEM AR		ESTRADA ESCORREGADIA	
VIDROS → ← PEDRA		ÓLEO → ← GELO	
REBENTAMENTO → ← (PREGO)		(CHUVA) → ← NEVE	→ **PERDA DE CONTROLE DO CARRO**
(PASTILHA GASTA)	ACELERADOR BLOQUEADO → ← DISTRAÇÃO	SONO ↓	
FALHA FREIO	QUEBRA DE DIREÇÃO → ← CANSAÇO	↑ INTOXICAÇÃO	(REFLEXOS DEFICIENTES)
PERDA LÍQUIDO			
FALHA MECÂNICA		**ERRO DO CONDUTOR**	

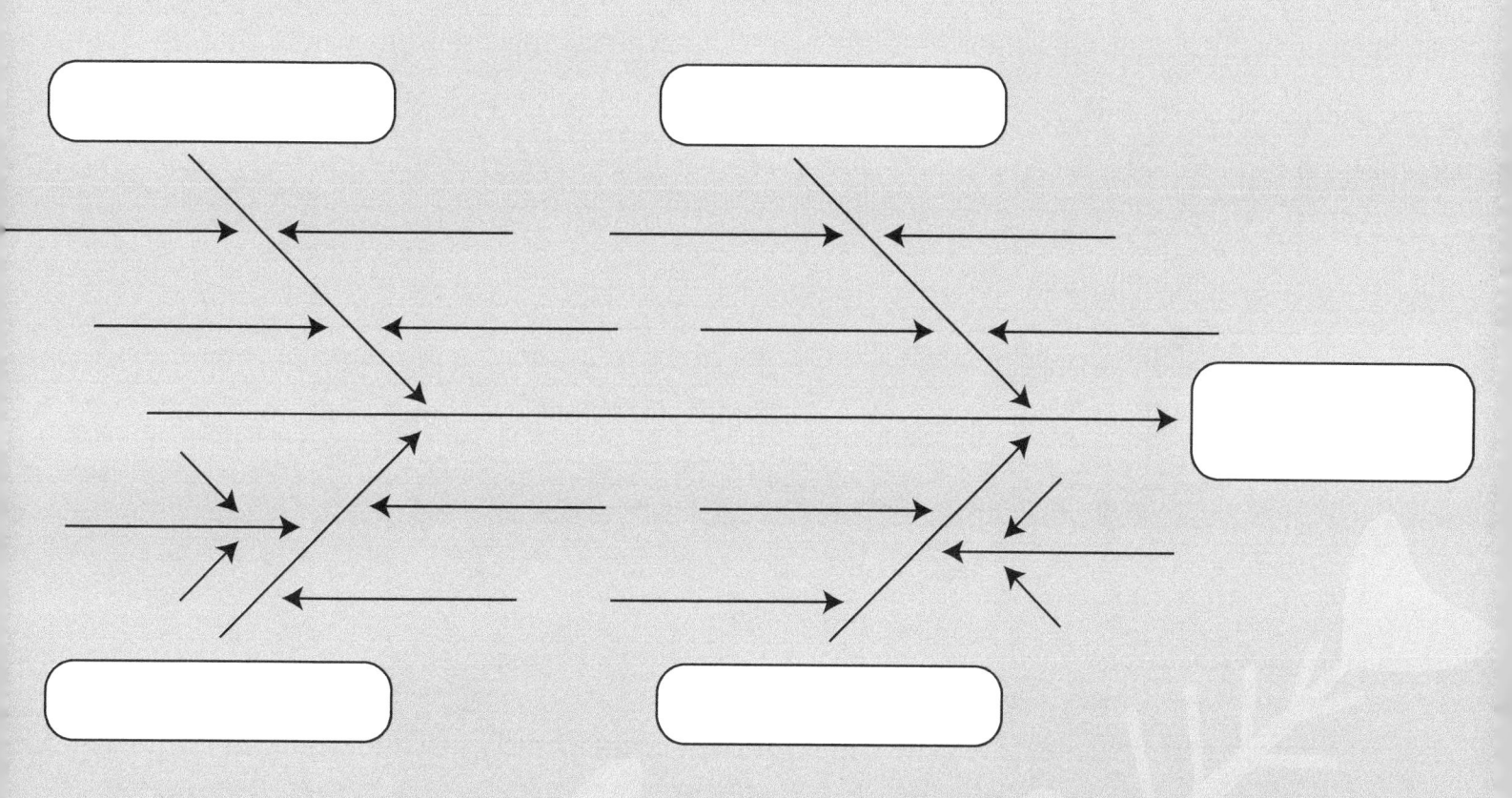

DIAGRAMA TIPO ISHIKAWA
(CAUSA E EFEITO)

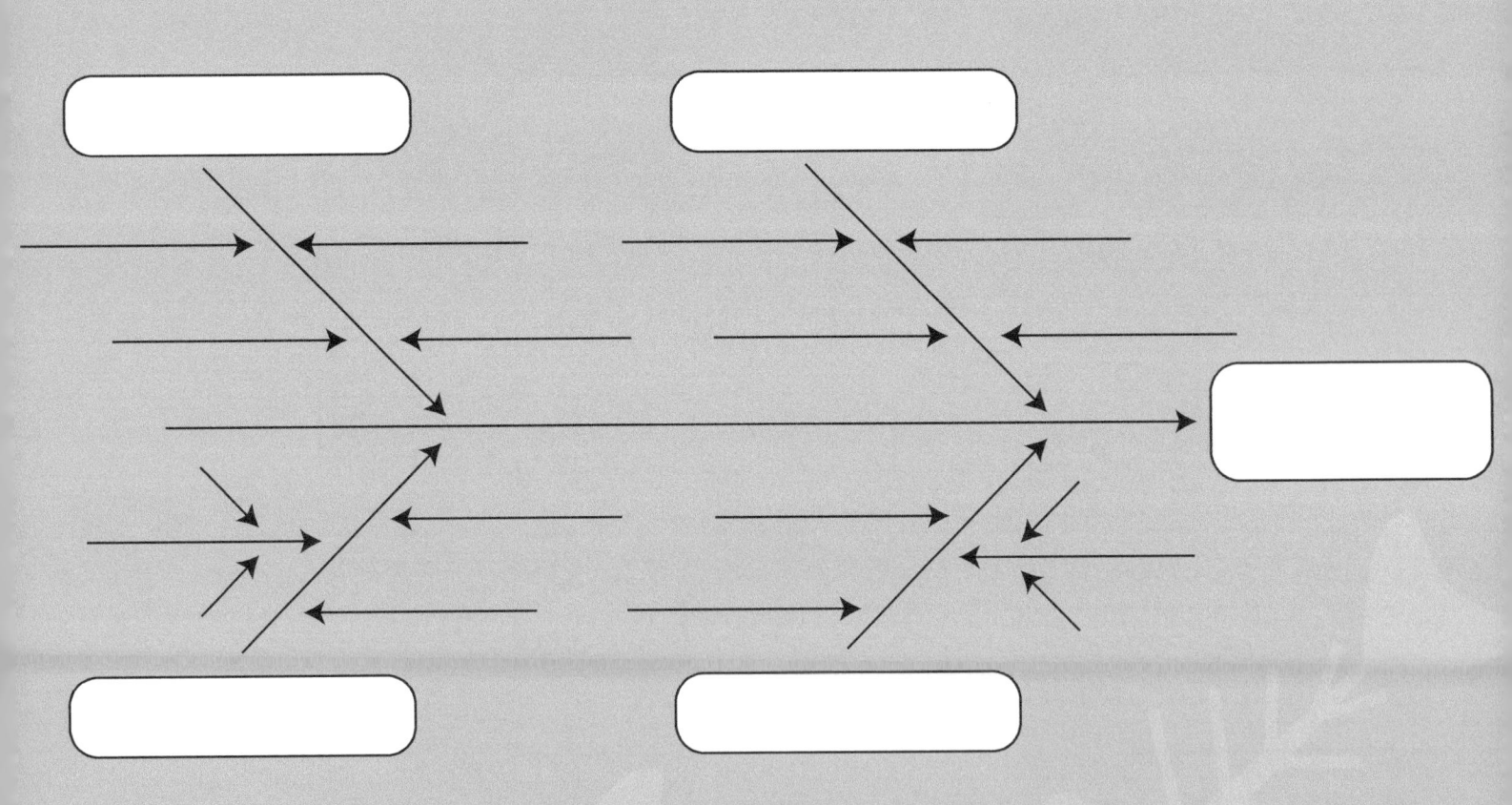

DIAGRAMA TIPO ISHIKAWA
(CAUSA E EFEITO)

DIAGRAMA TIPO ISHIKAWA
(CAUSA E EFEITO)

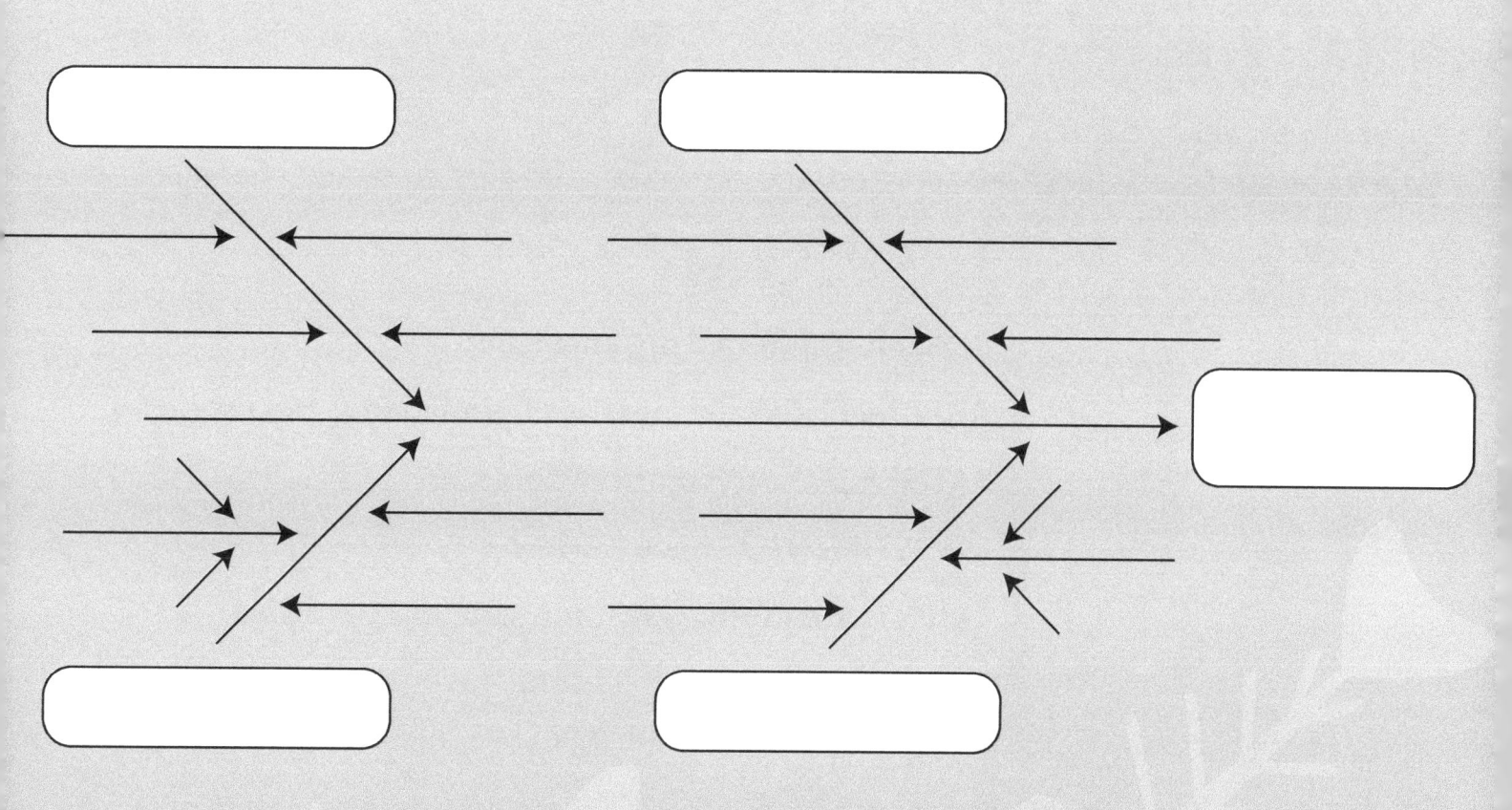

QUAL A MELHOR SOLUÇÃO?

BÁSICO:

BENEFÍCIOS para a organização;

ABRANGÊNCIA das pessoas beneficiadas pela solução;

SATISFAÇÃO dos colaboradores;

INVESTIMENTOS necessários;

CLIENTE e o efeito que a solução terá para eles;

OPERACIONALIDADE da solução.

BÁSICO

NOTA	BENEFÍCIOS	ABRANGÊNCIA	SATISFAÇÃO INTERNA	INVESTIMENTOS	CLIENTES	OPERAÇÃO
5	VITAL IMPORTÂNCIA	TOTAL (70%/100%)	MUITO GRANDE	POUQUÍSSIMO	IMPACTO MUITO GRANDE	MUITO FÁCIL IMPLEMENTAR
4	IMPACTO SIGNIFICATIVO	MUITO URGENTE (40% / 70%)	GRANDE	ALGUM	GRANDE IMPACTO	FÁCIL IMPLEMENTAR
3	IMPACTO RAZOÁVEL	RAZOÁVEL (20% / 40%)	MÉDIA	MÉDIO	BOM IMPACTO	MÉDIA FACILIDADE
2	POUCOS BENEFÍCIOS	PEQUENA (5% / 20%)	PEQUENA	ALTO	POUCO IMPACTO	DIFÍCIL IMPLEMENTAR
1	ALGUM BENEFÍCIO	MUITO PEQUENA (ATÉ 5%)	QUASE NÃO É NOTADA	ALTÍSSIMO	NENHUM IMPACTO	MUITO DIFÍCIL IMPLEMENTAR

BÁSICO

PARA O PROBLEMA ANTERIORMENTE PRIORIZADO "BAIXO ÍNDICE DE RECOMPRA ENTRE CLIENTES" TEMOS:

SOLUÇÕES	B	A	S	I	C	O	TOTAL	PRIMORDIAL
COMPARAR E ANALISAR PRODUTOS COM CONCORRENTES	5	5	2	4	4	3	23	2º
TER OFERTAS ESPECIAIS PARA QUEM JÁ É CLIENTE	4	5	4	4	4	4	25	1º
REALIZAR PESQUISA DE SATISFAÇÃO COM CLIENTES	4	5	4	2	4	3	22	3º
MONTAR UMA EQUIPE DE VENDEDORES	2	3	3	2	3	2	15	4º

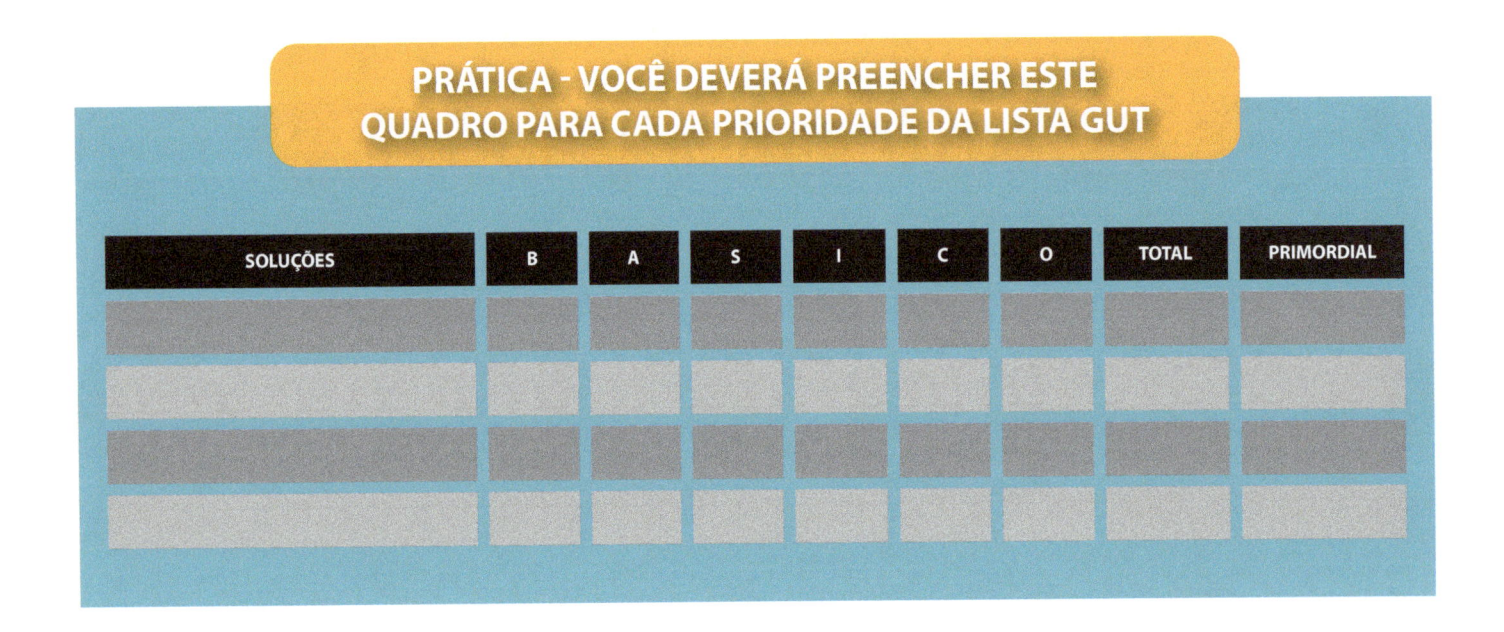

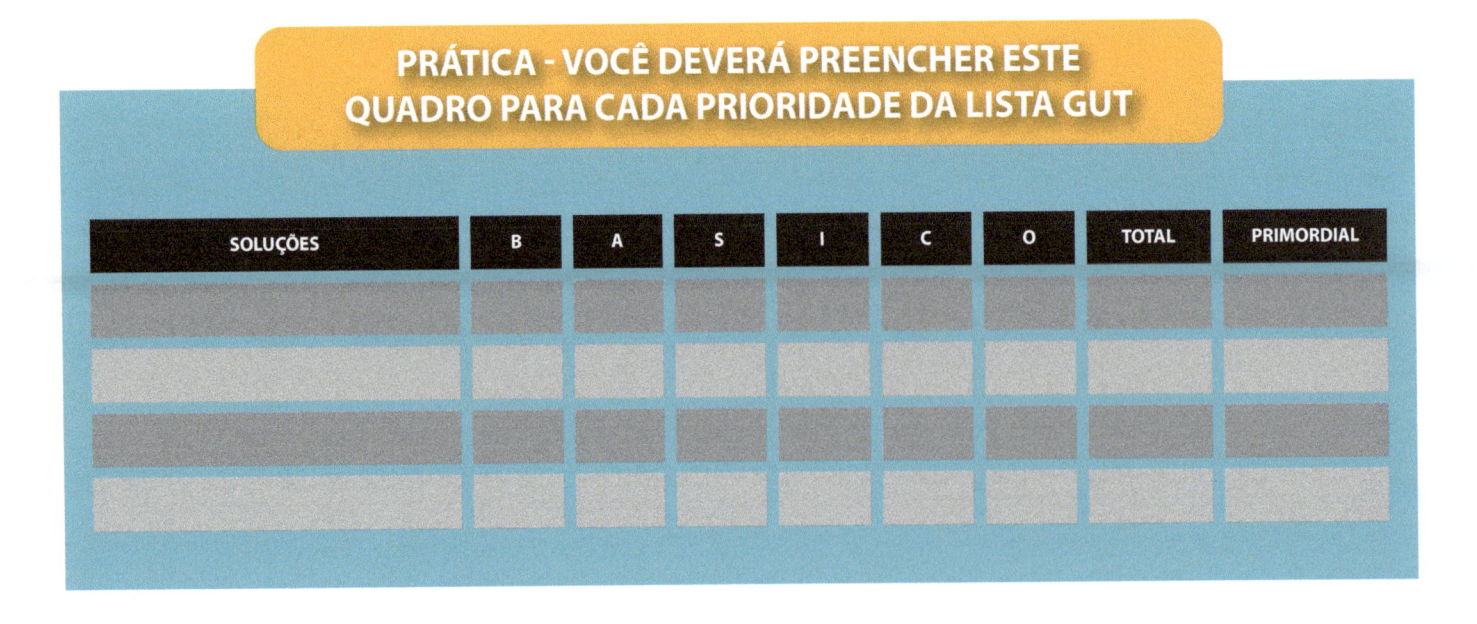

PRÁTICA - VOCÊ DEVERÁ PREENCHER ESTE QUADRO PARA CADA PRIORIDADE DA LISTA GUT

SOLUÇÕES	B	A	S	I	C	O	TOTAL	PRIMORDIAL

PRÁTICA - VOCÊ DEVERÁ PREENCHER ESTE QUADRO PARA CADA PRIORIDADE DA LISTA GUT

SOLUÇÕES	B	A	S	I	C	O	TOTAL	PRIMORDIAL

MÉTODO BASEADO EM PERGUNTAS-CHAVES, CAPAZES DE ESCLARECER OS PRINCIPAIS ASPECTOS DE UM FATO OU DE UMA SITUAÇÃO

- **01** WHAT: O QUÊ?
- **02** WHEN: QUANDO?
- **03** WHERE: ONDE?
- **04** WHY: POR QUÊ?
- **05** WHO: QUEM?
- **06** HOW: COMO?
- **07** HOW MUCH: QUANTO CUSTA?

5W2H

PRÁTICA - VOCÊ DEVERÁ PREENCHER ESTE QUADRO PARA CADA PRIORIDADE DA LISTA GUT

5W2H

	O que será feito?	Quando será feito?	Onde será feito?	Por que será feito?	Quem fará?	Como será feito?	Quanto custará?
1º							
2º							
3º							
4º							

PRÁTICA - VOCÊ DEVERÁ PREENCHER ESTE QUADRO PARA CADA PRIORIDADE DA LISTA GUT

5W2H

	O que será feito?	Quando será feito?	Onde será feito?	Por que será feito?	Quem fará?	Como será feito?	Quanto custará?
1º							
2º							
3º							
4º							

PRÁTICA - VOCÊ DEVERÁ PREENCHER ESTE QUADRO PARA CADA PRIORIDADE DA LISTA GUT

5W2H

	O que será feito?	Quando será feito?	Onde será feito?	Por que será feito?	Quem fará?	Como será feito?	Quanto custará?
1º							
2º							
3º							
4º							

PRÁTICA - VOCÊ DEVERÁ PREENCHER ESTE QUADRO PARA CADA PRIORIDADE DA LISTA GUT

5W2H

	O que será feito?	Quando será feito?	Onde será feito?	Por que será feito?	Quem fará?	Como será feito?	Quanto custará?
1º							
2º							
3º							
4º							

QUADRANTE DE ACOMPANHAMENTO

Ferramenta que nos permite controlar os indicadores que medem o avanço do projeto e recolher decisões de melhoria ou avanço sobre o mesmo.

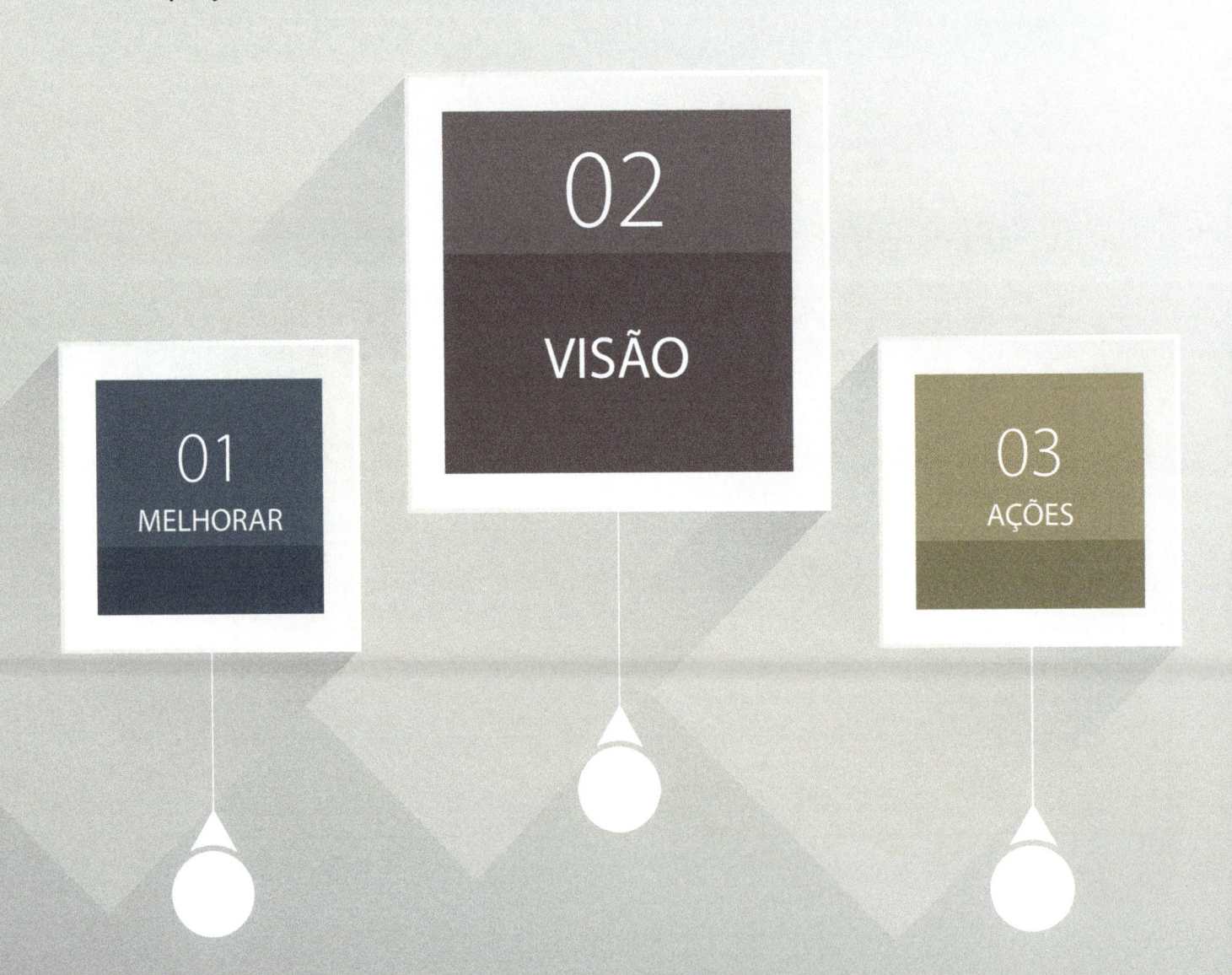

01 MELHORAR

02 VISÃO

03 AÇÕES

COMO FUNCIONA?

Ferramenta que nos permite controlar os indicadores que medem o avanço do projeto e recolher decisões de melhoria ou avanço sobre o mesmo.

QUADRANTE DE ACOMPANHAMENTO

CONCEITO

- Identificar o problema a solucionar, área a melhorar ou ideia a desenvolver.
- Recolher dados e fatos que representem o estado no qual se encontram no momento.
- Determinar áreas de atuação ou oportunidade de aperfeiçoamento.
- Definir ações, quem serão os responsáveis e data.
- Atualizar periodicamente esses dados.

EXERCÍCIO
QUADRANTE DE ACOMPANHAMENTO

Você deverá preencher este quadro um para cada prioridade da lista GUT

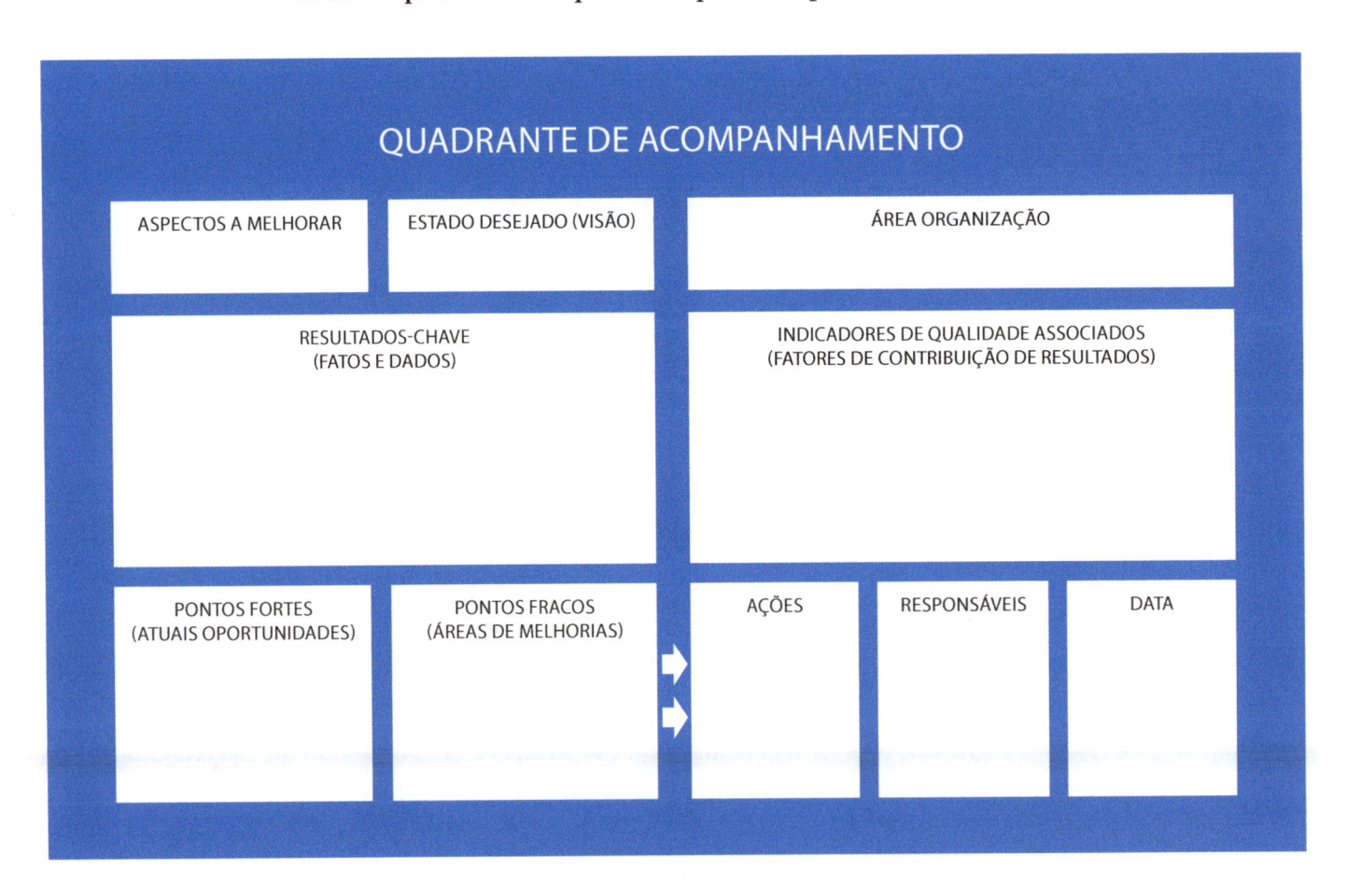

QUADRANTE DE ACOMPANHAMENTO

- ASPECTOS A MELHORAR
- ESTADO DESEJADO (VISÃO)
- ÁREA ORGANIZAÇÃO
- RESULTADOS-CHAVE (FATOS E DADOS)
- INDICADORES DE QUALIDADE ASSOCIADOS (FATORES DE CONTRIBUIÇÃO DE RESULTADOS)
- PONTOS FORTES (ATUAIS OPORTUNIDADES)
- PONTOS FRACOS (ÁREAS DE MELHORIAS)
- AÇÕES
- RESPONSÁVEIS
- DATA

Pois bem, espero que esta bateria de exercícios tenha lhe ajudado.
Agora mãos à obra em seu Canvas ou nos ajustes que precisam ser efetuados no trabalho que você efetuou caso tenha se antecipado na construção de seus objetivos e metas.
Lembre-se, todo este material, Método + Canvas+ Exercícios, ajudarão nas estratégias, principalmente nas corporativas. Além disto, este material todo pode ser alinhado tanto com BSC como o PDCA.

EXERCÍCIO
QUADRANTE DE ACOMPANHAMENTO

Você deverá preencher este quadro um para cada prioridade da lista GUT

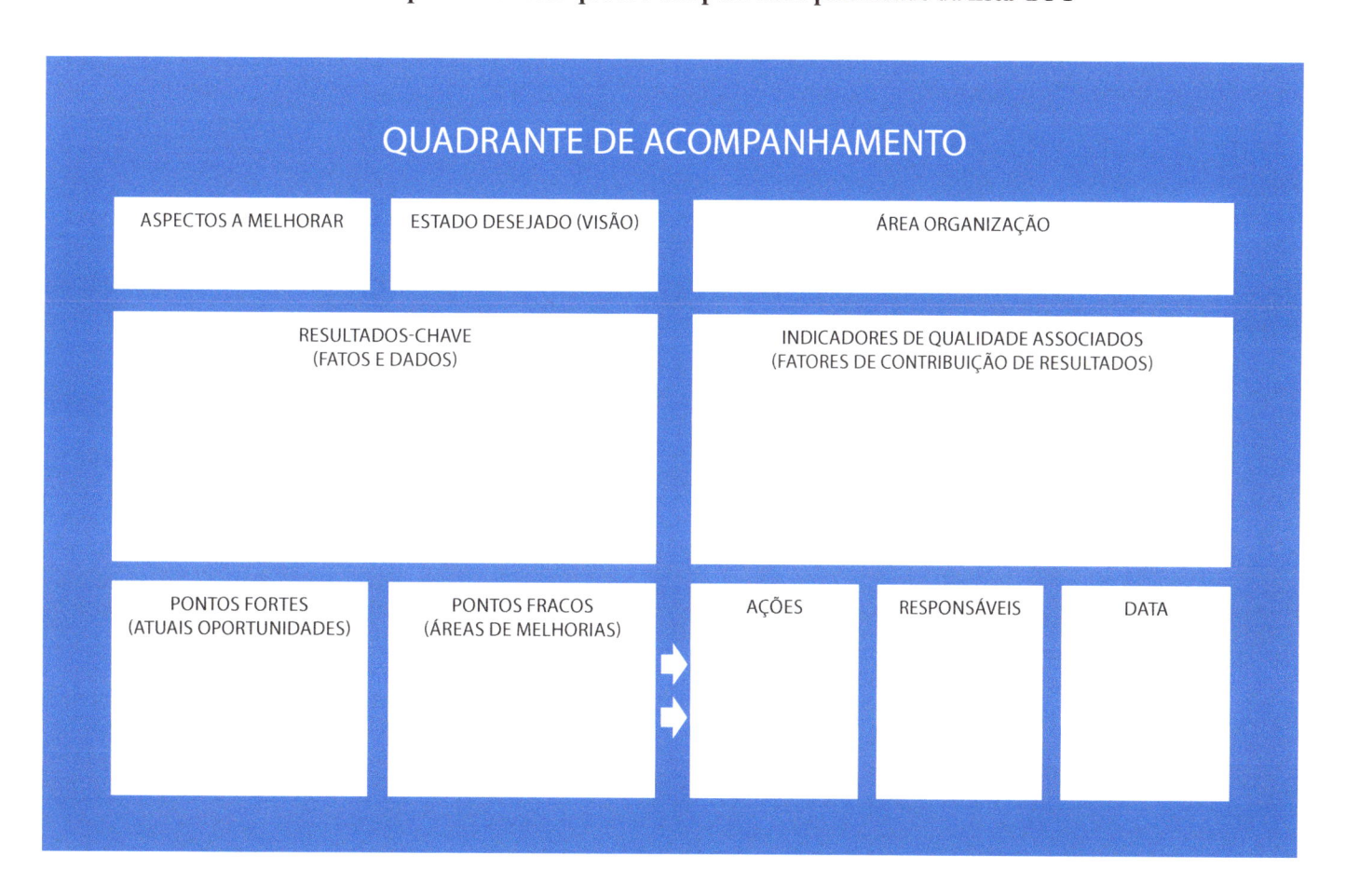

QUADRANTE DE ACOMPANHAMENTO

ASPECTOS A MELHORAR	ESTADO DESEJADO (VISÃO)	ÁREA ORGANIZAÇÃO

RESULTADOS-CHAVE (FATOS E DADOS)	INDICADORES DE QUALIDADE ASSOCIADOS (FATORES DE CONTRIBUIÇÃO DE RESULTADOS)

PONTOS FORTES (ATUAIS OPORTUNIDADES)	PONTOS FRACOS (ÁREAS DE MELHORIAS)	AÇÕES	RESPONSÁVEIS	DATA

Relembrando que todo o material, Canvas, imagens e hand-outs estarão disponíveis para download em meu site em um link exclusivo para este livro.

www.claudiozanutim.com.br/objetivosemetas/

REFERÊNCIAS

BOSSIDY, Larry; CHARAN, Ram. Execução: a disciplina para atingir resultados. São Paulo: Elsevier, 2002.

CANFIELD, Jack; SWITZER, Janet. Os princípios do sucesso. Rio de Janeiro: Sextante, 2007.

CERTO, Samuel; PETER, Paul; STEFFEN, Flavio Deni. Administração estratégica: planejamento e implantação da estratégia. São Paulo: Makron Books, 1993.

CHURCHILL JUNIOR, Gilbert; PETER, Paul. Marketing: criando valor para o cliente. São Paulo: Saraiva, 2000.

COLLINS, Jim; COLLINS, James Charles. Empresas feitas para vencer: por que apenas algumas empresas brilham? São Paulo: Elsevier, 2001.

COLLINS, Jim. Como as gigantes caem: e por que algumas empresas jamais desistem: os cinco estágios do declínio corporativo e como evitá-los. São Paulo: Elsevier, 2010.

COSTA, Eliezer. Gestão estratégica: da empresa que temos para a empresa que queremos. São Paulo: Saraiva, 2007.

COHEN, David. Metas: dá para chegar lá? Disponível em: <http://exame.abril.com.br/revista-exame/edicoes/775/noticias/metas-da-para-chegar-la-m0052103>. Acesso em: 4 ago. 2005.

FALCONI, Vicente. O verdadeiro poder. Nova Lima: INDG Tecnologia e Serviços Ltda, 2009.

FERNANDES, Bruno Henrique Rocha; BERTON, Luiz Hamilton. Administração estratégica: da competência empreendedora à avaliação de desempenho. São Paulo: Saraiva, 2005.

FERENCE, Thomas; THURMAN, Paul. Estratégia. São Paulo: Saraiva, 2012.

GOBE, Antonio Carlos et al. Administração de vendas. São Paulo: Saraiva, 2000.

KAPLAN, Robert S.; NORTON, David P. A estratégia em ação: balanced scorecard. 21. ed. Rio de Janeiro: Elsevier, 1997.

KEELING, Ralph. Gestão de projetos: uma abordagem global. São Paulo : Saraiva, 2012.

MISNER, Ivan; MORGAN, Don. Mestre das vendas. Rio de Janeiro: Sextante, 2013.

NICOLAU, I. O conceito de estratégia. INDEG/ISCTE Instituto para o Desenvolvimento da Gestão Empresarial, v. 1, n. 1, p. 1–17, 2001.

ROBBINS, Anthony. Poder sem limites. Rio de Janeiro: BestSeller, 2009.

SANDERS, Dan; POLZONOFF JUNIOR, Paulo. Empresas feitas para servir. Rio de Janeiro: Sextante, 2011.

STEVE, Andréas; FAULKNER, Charles. PNL, a nova tecnologia do sucesso. São Paulo: Elsevier, 1995.